Decifrando estrelas
Um amor especial

Decifrando estrelas
Um amor especial

Romance ditado pelo espírito
ANGELUZ

Psicografia de
ROBERTA TEIXEIRA DA SILVA

LÚMEN
EDITORIAL

Decifrando estrelas: um amor especial
pelo espírito Angeluz
psicografia de Roberta Teixeira da Silva
Copyright © 2017 by
Lúmen Editorial Ltda.

1ª edição – fevereiro de 2017

Direção editorial: *Celso Maiellari*
Direção comercial: *Ricardo Carrijo*
Preparação de originais e revisão: *Celso Maiellari*
Projeto gráfico e arte da capa: *Ricardo Brito | Estúdio Design do Livro*
Imagem da capa: *tugolukof | Shutterstock*
Impressão e acabamento: *Gráfica Paym*

Dados Internacionais de Catalogação na Publicação (CIP)
(Câmara Brasileira do Livro, SP, Brasil)

Angeluz.
　　Decifrando estrelas / romance ditado pelo espírito Angeluz ; psicografia de Roberta Teixeira da Silva. – São Paulo : Lúmen Editorial, 2017.

　　ISBN 978-85-7813-178-4

　　1. Espiritismo 2. Psicografia 3. Romance espírita I. Silva, Roberta Teixeira da. II. Título.

17-01191　　　　　　　　　　　　　　　　　　　　　　　　　　CDD-133.9

Índice para catálogo sistemático:
1. Romance espírita psicografado : Espiritismo　133.9

LÚMEN
EDITORIAL

Rua Javari, 668
São Paulo – SP
CEP 03112-100
Tel./Fax (0xx11) 3207-1353

visite nosso site: www.lumeneditorial.com.br
fale com a Lúmen: atendimento@lumeneditorial.com.br
departamento de vendas: comercial@lumeneditorial.com.br
contato editorial: editorial@lumeneditorial.com.br
siga-nos no twitter: @lumeneditorial

2017
Proibida a reprodução total ou parcial desta
obra sem prévia autorização da editora

Impresso no Brasil – *Printed in Brazil*

*Porque entender o outro,
em suas limitações e dificuldades,
é um ato de grandeza e de amor.*

Sumário

Palavra do autor espiritual, 9

I. Estela, 11

II. Advertência, 25

III. Ironia do destino, 37

IV. Romance, 49

V. Reencarnação compulsória, 61

VI. Premonição, 79

VII. A vingança, 87

VIII. O dia seguinte , 99

IX. Obsessão, 111

X. Um crime, 123

XI. No plano espiritual, 135

XII. A luz, 147

XIII. Prestação de contas, 159

XIV. Auxílio do Alto, 171

XV. O amor posto à prova, 181

XVI. Desapego, 193

XVII. Terapia do amor, 201

XVIII. Reajuste de almas, 213

XIX. Um amor especial, 223

XX. Redenção, 233

XXI. Recado do além, 241

Palavra do autor espiritual

Ter limitações não é sinônimo de fracasso.
Superar os nossos limites exige esforço.
Acreditar que o nosso presente e o nosso futuro dependem de nossas escolhas, é ter esperança.
As consequências de nossos atos são inevitáveis.
Mas a forma que reagiremos a tais fatos é opção nossa.

ANGELUZ

CAPÍTULO I

Estela

ESTELA já não aguentava mais tanta pressão e sentia muitas dores de cabeça.

Seus pensamentos desordenados povoavam a sua mente ocupada e intimamente ela se perguntava: "Até que ponto vale a pena ser escrava de tantas obrigações e cobranças? Por que a vida tem que ser assim, tão corrida?"

O seu semblante facial denunciava o seu transtorno mental.

Tomou um choque quando foi tirada abruptamente de suas conjecturas, devido a um chamado já esperado:

— Estela, cadê você! Venha logo, a reunião já deve ter começado! Chegará atrasada novamente e o seu chefe não vai gostar!

A jovem executiva, que tentava disfarçar a sua inquietude interior, logo tratou de se recompor e, um pouco mais refeita, respondeu à sua amiga:

— Eu já sei, Sílvia! Obrigada! Estarei na sala daqui a dois minutos!

Incomodada com o ritmo acelerado que a sua vida profissional lhe impunha, Estela pensava, um tanto contrariada:

"Não posso nem refletir por alguns instantes que já sou interrompida! Até quando minha paciência vai aguentar?"

Após pegar seu material de trabalho, a executiva se dirigiu apressadamente à sala de reuniões.

Um pouco atrasada, ela percebeu os olhares de reprovação advindos de seus colegas de trabalho, porém, fingiu ignorar a contrariedade de seus pares, sentou-se em silêncio e assim permaneceu durante o longo tempo em que perdurou o encontro profissional.

Assim que foi dispensada, dirigiu-se a passos largos para o seu posto de trabalho.

No caminho, ela refletia sobre o evento que acabara de participar.

Tratava-se de mais uma reunião daquelas em que não se diz absolutamente nada e tudo acaba do mesmo jeito.

"Pelo menos está na hora de ir embora", pensou, esboçando um singelo sorriso. Aliás, era melhor que fizesse isso rápido, antes que a vissem e pedissem alguma coisa de última hora para fazer!

A caminho de sua casa, a executiva foi surpreendida com a visão de um rapaz, que parecia estar embriagado. Ele estava no farol e parecia dizer algumas palavras, mas ela não conseguia entender.

Desesperada, ela fechou rapidamente os vidros dianteiros e não deu atenção ao estranho andarilho.

Aflita com a situação, pensou:

"A cidade está muito violenta e não é bom falar com estranhos, ainda mais nessa escuridão".

O farol abriu e Estela arrancou rapidamente com o seu carro para evitar que aquele homem continuasse a incomodá-la.

Depois de alguns instantes, finalmente ela chegou em seu apartamento, em segurança.

Intimamente agradecia por morar sozinha, principalmente pela vida agitada que levava.

Um pouco mais tranquila, Estela continuava mergulhada em suas reflexões:

"Nada como tomar um banho para relaxar! Ah, como é bom ser solteira, sem obrigação nenhuma com marido ou filhos. Não troco a minha opção por nada! Não nasci para ter que conciliar a carreira com uma família. Na certa, se me apaixonasse, teria que escolher entre uma e outra e não hesitaria em optar pelo meu trabalho! A carreira sempre em primeiro lugar".

No auge dos seus vinte e oito anos, a jovem executiva ainda tinha muitas pretensões a realizar em sua carreira de administradora de empresas e, caso se apaixonasse por alguém, acreditava que correria o risco de ter de abdicar de seus planos profissionais.

Vez ou outra, Estela até saía com algumas amigas para espairecer e até chegou a conhecer alguns rapazes, todavia, nunca teve nada sério. No atual momento de sua vida, ela sabia que seria melhor assim.

Após relaxar um pouco e beliscar alguma coisa na geladeira, ela adormeceu.

A sua exaustão era tamanha que nem sentiu que o dia já havia raiado novamente.

Assustada, ela acordou aos sobressaltos com o despertador tocando insistentemente!

Ainda sonolenta, desligou o pequeno aparelho e se preparou para mais um dia de trabalho árduo. Tomou um café rápido e saiu de casa, um pouco atordoada.

A aspirante a diretora sabia que o compromisso diário a chamava e que para chegar à ascensão desejada não podia sequer pensar em deixar de honrá-lo.

No caminho para a empresa, ela teve uma surpresa desagradável: aquele rapaz da noite passada, estranhamente, apareceu novamente naquele mesmo farol.

E para seu desespero, o sinal fechou.

O homem, ao perceber a presença da jovem, aproximou-se de seu veículo.

O estranho, que trajava vestes sujas e rasgadas, novamente tentava falar com a executiva, como se fosse lhe pedir alguma coisa.

Assustada, Estela teve ímpetos de acelerar o automóvel e passar por cima do sujeito, mas se conteve.

Olhou ao seu redor e estranhou que os outros motoristas pareciam não enxergar aquele homem.

Respirou fundo, manteve os vidros fechados e, assim que o farol abriu, acelerou o veículo e fugiu do rapaz.

Estava sensivelmente abalada com o fato, principalmente porque já havia passado por isso na noite anterior.

Rogou intimamente aos céus que a afastasse de qualquer perigo.

Passado o contratempo, Estela chegou à empresa.

O dia transcorreu do mesmo jeito frenético e a jovem trabalhadora se preparava para ir embora.

Já era tarde e, novamente, entrou em seu automóvel e seguiu viagem, cantarolando uma música.

Para evitar encontrar o homem sombrio, ela resolveu dar uma volta mais longa e mudar o caminho. Percebeu que não havia indícios da presença do suposto pedinte.

Entrou na rua de seu prédio e, ao estacionar o veículo na porta do edifício, seu coração deu saltos: viu-se diante daquele sujeito que agora a esperava, bem a sua frente!

Visivelmente apavorada, Estela se perguntava mentalmente:

"Meu Deus, de que maneira ele descobriu o meu endereço?"

Querendo pedir socorro, ela olhou ao redor e constatou que não havia mais ninguém na rua, além dos dois.

Descontrolada, não teve dúvidas e começou a gritar desesperadamente:

— Socorro, este homem quer me sequestrar! Alguém me ajude, chamem a polícia!!

Ao contrário de Estela, o rapaz demonstrava um certo sarcasmo no olhar.

Contemplando a jovem dos pés à cabeça, aquela criatura inspirava temor e aflição.

Jubiloso pela expressão de medo da sua "vítima", o estranho quebrou o silêncio:

— Estela, não adianta gritar! Seus gritos não me afastarão de você!

A executiva estava lívida. Suas mãos trêmulas denunciavam o seu desespero.

Enquanto o homem a olhava, ela tentava pensar em alguma coisa para acabar de vez com aquela situação e respondeu:

— Por favor, seja direto e diga o que quer: dinheiro, minha bolsa, o carro? Darei o que pedir, mas, por favor, não me machuque!

Sem se abater, o estranho retrucou, misterioso:

— Nada do que me oferece tem valor para mim. Preciso de outro tipo de ajuda...

Estela estranhou a resposta abstrata e começou a ficar revoltada com a abordagem do rapaz.

Demonstrando nervosismo, ela foi direta:

— Como sabe o meu nome?

— Ora, Estela, te acompanho há muito tempo! – respondeu o rapaz, em tom enigmático.

— Eu não estou entendendo nada! Seja lá o que for, me deixe em paz, por favor!

— Ora, se você deseja a paz, precisa fazer por merecer.

— Você deve ser louco! Diz coisas desconexas, sem nenhum sentido! Vou entrar em casa e se não for embora agora chamarei a polícia – retrucou, ameaçadora.

— Faça como desejar, mas saiba que se você não quer aprender pelo amor, então, o fará pela dor! – arrematou, sarcasticamente, o homem estranho.

Depois de dar o seu recado, o rapaz simplesmente desapareceu do local.

Estela, atônita, ainda permaneceu por um bom tempo em estado de choque.

Ela tinha certeza de que não estava tendo alucinações. Estava cansada, mas não a ponto de imaginar tudo o que acabara de presenciar.

Intimamente estava ávida por respostas que não sabia se teria e se questionou:

— Será que estou trabalhando tanto a ponto de imaginar essa criatura tão enigmática? Meu Deus!

Após esse sinistro episódio, ela entrou em seu quarto e chorou muito.

Mergulhou novamente em seus pensamentos e começou a refletir:

"Acho que de uma certa forma aquele sujeito até que tinha razão. De que valeram tantos anos de trabalho e de estudos se estou sozinha e não tenho com quem compartilhar minhas vitórias e fracassos?"

Apesar de tudo, a executiva estava ciente de sua escolha. Almejava um cargo na diretoria da empresa em que trabalhava e acreditava que sua hora de glória estava muito próxima.

O sono demorou a chegar e Estela adormeceu um pouco agitada em razão dos últimos acontecimentos que vivenciou.

No dia seguinte, ela tentou esquecer o que houve e começou a trabalhar.

Entretanto, a executiva mal sabia que aquele não seria um dia normal como todos os outros.

Isso porque Sílvia, a sua melhor amiga, veio lhe trazer uma notícia que mudaria os rumos de sua vida:

— Estela, você já sabe?

— Do que você está falando, Sílvia? Não vê que estou super ocupada?

— Vá comigo até o café. Preciso te contar uma "bomba" – ela insistiu, misteriosa.

— Tudo bem. Espere-me lá e já vou indo.

Deixou as coisas que carregava em sua mesa e logo se dirigiu ao local combinado. Um tanto intrigada com o que sua colega estava prestes a dizer, foi logo entrando no assunto, sem maiores delongas:

— Fala agora, Sílvia! Não me aguento de curiosidade! – exclamou a executiva, curiosa.

— Estela, sabe aquele funcionário novo, bonito, inteligente e que trabalha no andar de cima? Acho que ele se chama Heitor...

— Sei, ele está aqui faz pouco tempo. Mas o que tem ele? Fala logo senão eu vou morrer de ansiedade!

Decifrando estrelas

— Vai ocupar a vaga de diretor administrativo daqui a um mês. Substituirá o seu chefe, o Dr. Bianchi. Parece que ele vai se aposentar e já escolheu um sucessor!

Antes que a amiga pudesse concluir a narrativa, Estela ruborizava de ódio. Indagou a si mesma como o Dr. Bianchi teve coragem de chamar outra pessoa que não fosse ela própria? Justo ela, que sempre fez muito mais do que sua obrigação contratual! Dedicou-se anos a fio nesta única empresa para perder a sua grande oportunidade de reconhecimento. Isso não era justo...

Sílvia, percebendo o nervosismo da amiga, prosseguiu:

— Estela, você tem que fazer alguma coisa! Isso não pode ficar assim! Tem que arquitetar algo para boicotar esse rapaz folgado e ficar com o lugar que te pertence! Acho que essa escolha não foi justa. Se quiser, eu te ajudo a pensar em alguma coisa...

Nesse momento, as duas garotas estavam tão envolvidas com a situação que, com seus pensamentos negativos, atraíram uma sombra escura que se aproximou e abraçou Sílvia, como se quisesse envenenar ainda mais as suas palavras.

Por esse motivo que todos nós devemos orar e vigiar, como disse Jesus. Através de nossos pensamentos entramos em sintonia com espíritos desencarnados que se afinizam com a nossa vibração, permanecendo ligados magneticamente conosco pela força da atração.

Estela refletiu por segundos e viu que Sílvia tinha razão. Ela realmente precisava tomar uma providência.

19

Não tinha mais paciência e nem vontade de provar todo o seu bom trabalho de novo a outro superior hierárquico, sendo que já tinha demonstrado a sua plena capacidade de exercer tal função. Isso não ficaria assim!

Uma angústia tomou conta de seu coração e ela sabia que precisava agir rápido, antes que aquele rapaz intrometido pegasse o seu tão almejado cargo. Mas, o que fazer? Ela nem o conhecia direito, só o cumprimentara de vez em quando, mas nunca se aproximou. Teria que começar a arquitetar um engenhoso plano...

Discretamente, Estela se dirigiu até a mesa de Sílvia e perguntou:

— Amiga, por acaso você fala com esse tal de Heitor? Sabe se ele é casado, solteiro, etc?

— Olha, Estela, eu não sei, mas uma colega minha estuda na mesma universidade em que ele faz a pós-graduação e posso perguntar a ela. Assim que tiver a resposta, dou um jeito de te contar. Mas, por que a curiosidade?

— Eu tenho que me aproximar dele, ficar "amiga", sabe? Descobrir o motivo pelo qual o meu chefe o escolheu. Se ele não tiver namorada ou coisa assim, fica mais fácil uma aproximação, não acha?

— Estela, por acaso você está pensando em...

— Seduzi-lo? Por que não? Você sabe que dediquei toda a minha vida por essa instituição e que o cargo de diretora é a minha maior ambição. Sou capaz de qualquer coisa para conseguir o que quero! Tenha certeza de que não medirei esforços e nem escrúpulos!

Sílvia não se surpreendeu. Ela conhecia a amiga o suficiente para saber do que ela era capaz de fazer.

Logo após a última conversa que tiveram em instantes atrás, procurou especular sobre o tal Heitor e assim que conseguiu as informações solicitadas, voltou a procurar a amiga e sussurrou:

— Ei, Estela! Olha para mim! Descobri o que me pediu. Heitor é solteiríssimo! Mas também é muito cobiçado! Você terá fortes concorrentes!

— Isso não será problema. Vou procurar o nosso *office-boy* e verificar se ele tem algum documento para entregar para aquele "aprendiz de diretor". Caso positivo, eu mesma entregarei!

— Estela, tome cuidado, pode ser perigoso! – alertou a sua cúmplice.

— Nada é pior do que ser preterida! Agora é questão de honra! Preciso ir – despediu-se, apressada.

Sem perder mais tempo, Estela saiu à procura de Rodrigo, o encarregado interno de levar documentos importantes entre os funcionários. Ela o encontrou perambulando pelos corredores e o abordou:

— Rodrigo, tem documentos para levar à sala do Heitor?

— Sim, dona Estela. Eu já estava indo para lá...

— Entregue-os a mim! O Dr. Bianchi pediu para que eu corrigisse umas informações equivocadas. Agora vá! Ah, antes que eu me esqueça, ele também ordenou que não comentasse com ninguém sobre essa correção, entendeu?

— Sim senhora – consentiu o menino, um pouco assustado.

A tarefa foi muito fácil. Agora ela só precisava examinar minuciosamente o que continha naqueles documentos e se inteirar sobre as conversas sigilosas entre o Dr. Bianchi e o seu futuro "sucessor".

Descobriu que o seu diretor delegou uma importante missão para o jovem "aprendiz" e que sua posse no cargo estava na dependência de seu bom desempenho nessa tarefa.

Tratava-se de um projeto de reestruturação de toda a área administrativa, com redução de custos, criação de metas e aumento de produtividade dos funcionários.

O trabalho seria apresentado ao presidente da empresa, que daria o seu parecer acerca do projeto inovador. Sua aprovação era a condição essencial para que o futuro cargo fosse efetivamente dele.

Após copiar todos os dados secretos em um arquivo de computador, Estela resolveu comparecer pessoalmente ao gabinete de seu mais novo concorrente, a fim de conhecer melhor o seu "rival".

Subiu as escadas e parou em frente a uma porta de vidro. Bateu sutilmente e logo uma bela jovem veio ao seu encontro, cordial:

— Pois não, senhora...

— Estela!

— Olá, dona Estela, posso ajudar em alguma coisa?

— Sim. Preciso falar com o senhor Heitor, ele está?

— Claro. Vou anunciá-la.

Em alguns instantes, a secretária retornou:

— Pode entrar.

— Obrigada.

Estela sentia um frio na espinha, pois teria que ser a mais simpática possível para conseguir a amizade de seu mais recente rival.

Ela sabia que o primeiro passo para o seu engenhoso plano era conquistar-lhe a confiança.

Ao espiar pela porta do gabinete, ela pôde avistar, sentado atrás de uma mesa muito ampla, um jovem rapaz simplesmente maravilhoso: cabelos negros, pele clara e olhos castanhos.

Admirada com a beleza daquele homem, ela pensou:

— Até que não seria ruim flertar com este belo executivo, pena que agora ele é o meu mais novo inimigo.

CAPÍTULO II

Advertência

ESTELA parou de divagar e tratou de respirar fundo para logo colocar o seu plano de sabotagem em prática.

Sutilmente, se aproximou do candidato a diretor e, assim que chegou perto da sua mesa, o educado rapaz levantou de sua cadeira e estendeu-lhe as suas mãos, demonstrando todo o seu peculiar cavalheirismo.

Estela, disfarçando a contrariedade, educadamente lhe retribuiu o gesto.

Após os cumprimentos, ele se dirigiu a ela, em tom amistoso:

— Muito prazer, Estela. Já ouvi o Dr. Bianchi falar muito bem de você. Eu estou a pouco tempo na empresa, mas o seu nome já foi bastante pronunciado.

Fingindo um sorriso de satisfação, ela respondeu, com falsa humildade:

— Ora, senhor Heitor, o Dr. Bianchi exagera em seus comentários. Eu só faço a minha obrigação...

— Não seja modesta, Estela. A que devo a honra de sua visita?

— Eu precisava conversar com uma colega neste mesmo andar e aproveitei para trazer-lhe alguns documentos. Na verdade, eu também queria conhecê-lo, afinal, somos colegas de trabalho.

— Nossa! Assim eu me sinto lisonjeado! Foi realmente uma falha minha eu ainda não ter ido até o seu andar e me apresentado. Mas você sabe bem que nesta empresa tudo é tão corrido, mal dá tempo de conhecermos os colegas.

— Eu compreendo. Saiba que estou à sua disposição para o que precisar – arrematou a jovem, um pouco irônica.

— Eu agradeço a sua visita e a sua gentileza. Adianto que realmente precisarei de seus préstimos, principalmente porque trabalha aqui há muitos anos e tem muito para me ensinar.

"Que canalha", pensou, mas logo tratou de disfarçar rapidamente a sua expressão de contrariedade e se despediu, com uma falsa cordialidade:

— Até logo, então.

— Até breve, Estela.

Assim que deixou a sala, ela teve vontade de subir no pescoço daquele rapaz! Quanta arrogância! Claro que jamais ensinaria qualquer coisa àquele usurpador de cargos alheios!

Precisava desabafar urgente com Sílvia, mas olhou no relógio e viu que já era tarde. Certamente ela já devia ter ido embora e isso era exatamente o que ela faria também.

*

Muito decepcionada com os últimos acontecimentos do dia, Estela tentava dormir, mas não conseguia relaxar. Só pensava na injustiça da qual se achava vítima. Por que o seu chefe escolhera outra pessoa e não ela? Ele sabia que o seu grande objetivo era sucedê-lo quando se aposentasse! Será que o Heitor era algum amigo íntimo dele? Concluiu que jamais teria as respostas que precisava e, depois de muito custo, deixou-se vencer pelo cansaço incontrolável.

No dia seguinte, mal chegou ao trabalho e viu que o Dr. Bianchi havia deixado um bilhete em sua mesa que dizia que precisavam conversar urgente.

Ela já imaginava do que se tratava, mas mesmo assim, respirou fundo, deixou a bolsa na cadeira e prontamente se dirigiu à sala do chefe.

Bateu à porta e esperou. Não demorou muito e o Dr. Bianchi a recebeu e, imprimindo certa alegria na voz, disse:

— Estela, que bom que chegou cedo! Temos que conversar seriamente. Como você deve saber estou para me aposentar desta instituição. Entrei aqui muito jovem e fiz uma promissora carreira. Vejo em você muito de mim, pois também é uma ótima profissional, capacitada e muito interessada nos resultados da empresa. Tenho certeza de que logo conseguirá alcançar o seu maior objetivo.

Depois de uma breve pausa, ele prosseguiu, procurando demonstrar sinceridade:

— No entanto, antes que a notícia se espalhe e chegue totalmente deturpada aos seus ouvidos, eu preciso fazer uma revelação a você.

Nesse momento, ele parou a narrativa para bebericar um gole de café, enquanto Estela o observava, com uma certa expectativa, embora praticamente já soubesse o que ele diria.

Após tomar a bebida, ele retomou a palavra:

— Estela, eu já escolhi o meu sucessor. Confesso que fiquei numa dúvida muito forte se deveria indicá-la, uma vez que tinha em mente um outro candidato, tão capaz quanto você. Para não cometer injustiças, resolvi enumerar todas as qualidades e pontos de melhoria de ambos. Aquele que apresentasse maiores condições, seria o vencedor. E a vitória foi do Heitor. Embora ele tenha meses de trabalho conosco, demonstrou estar apto ao exercício desta função tão importante. Ele é um homem centrado, estudioso, prestimoso e sabe muito bem controlar as emoções. E foi justamente neste último item, minha querida, que bati o martelo! Tecnicamente vocês dois são idênticos mas, emocionalmente, você ainda precisa amadurecer um pouco mais. E eu tenho certeza de que, na hora certa, este cargo ainda será seu. Por favor, peço que não se chateie comigo! Há tantos anos trabalhamos juntos e não gostaria que sentisse raiva de minha decisão.

Saiba que sinto por você o mesmo amor que tenho por uma filha e é exatamente por isso que estou te dando a chance de se aprimorar mais para, enfim, conquistar definitivamente o seu espaço.

Ele parou de falar e fitou a sua interlocutora.

Estela demonstrava uma falsa serenidade enquanto pensava: "Ainda bem que Sílvia já havia me alertado, senão teria ímpetos de gritar com esse velho traidor!"

Porém, ela resolveu aproveitar a boa impressão que estava causando em seu superior e aduziu, fingindo compreensão:

— Dr. Bianchi, fico feliz que tenha pensado em mim para ocupar esta vaga. Estou muito honrada. Também creio que fez uma ótima escolha. Ontem mesmo tive a oportunidade de conhecer o Heitor e a primeira impressão que tive dele foi excelente! Não quero que se sinta culpado por não ter me dado o cargo. Penso que todos nós temos o nosso próprio espaço e logo chegará a minha vez.

Para finalizar, esboçou, com certa dificuldade, um falso sorriso.

— Puxa! Não esperava que fosse reagir de uma forma tão profissional! — exclamou Dr. Bianchi, comovido – Eu realmente estou muito surpreso com você! Que maturidade! Saiba que vou chamar o Heitor para conversar e propor a ele que contrate você como sua assistente. Ele não poderá contar com alguém melhor.

— Obrigada! Estou dispensada?

— Claro, minha querida, pode retomar as suas tarefas. Temos um longo dia pela frente.

Estela saiu daquela sala com lágrimas de ódio nos olhos. Precisava lavar o rosto, antes que alguém percebesse. Que patético! O seu próprio chefe se justificando! Ela não queria admitir essa injustiça. Heitor teria o que merece.

Totalmente envolvida por sentimentos inferiores, a jovem nem se apercebeu quando aquela mesma sombra que envolvera a sua amiga há dias atrás também passou a acompanhá-la.

Como se não bastasse, a entidade seguia sorrindo sarcasticamente, demonstrando regozijo em ver o sofrimento de sua vítima.

Após o retoque da maquiagem, Estela voltou ao escritório.

Sílvia ainda não tinha chegado e ela precisava muito conversar com alguém. Mal começou a trabalhar, seu telefone tocou.

Tratava-se de Carolina, sua irmã mais nova. Ela queria encontrá-la de noite em um shopping e como estava se sentindo muito solitária, aceitou o convite, pois necessitava espairecer.

O dia foi longo e logo após o término do expediente, Estela foi direto ao local combinado para o encontro.

Fazia tempo que as duas irmãs não se viam. A executiva esperava Carolina sentada em um banco, quando então a avistou caminhando em sua direção.

Após os cumprimentos e já tendo notado a expressão de preocupação de sua irmã, Carolina foi direta:

— Estela, estou te achando um pouco nervosa. É impressão minha ou algo muito ruim está te incomodando?

— Ai, ai! Carol você não sabe da missa um terço! – queixou-se, demonstrando sua insatisfação.

— Então me fale tudo! Sabe que pode contar com a minha amizade – respondeu a irmã de Estela, solícita.

A executiva então narrou todos os fatos que lhe sucederam nos últimos dias, com exceção do sinistro encontro com aquele homem esquisito. Também confidenciou as suas ocultas intenções em prejudicar o usurpador da "sua" vaga na diretoria.

Carolina, que ouvia atentamente a narrativa da irmã mais velha, demonstrando estar um pouco assustada com o relato, ponderou:

— Minha irmã, não cometa uma atrocidade dessas! Boicotar uma pessoa inocente em troca de um cargo não é nada bom! Seu chefe está certo, todos nós temos a nossa oportunidade! Se você prejudicar esse rapaz com o intuito de furtar-lhe a vaga, estará adquirindo débitos muito grandes, que te custarão muito caro! Tudo o que fazemos para o próximo, de bom ou de ruim, voltará para nós mesmos! Será que vale a pena se comprometer tanto por uma vaga de emprego? Tudo nesta vida é tão passageiro, minha querida! O cenário em que vivemos muda a cada minuto... Quem pode te garantir que, quando estiver na diretoria, ainda permanecerá empregada? E se o presidente da instituição mudar e o outro que assumir resolver demitir os antigos funcionários? Certamente você terá feito toda essa maldade em vão e, o que é pior, além de ter perdido o emprego, colherá o mal que plantou. Reflita com calma, por favor...

Carol, como costumava ser chamada pelos mais próximos, estava com uma aparência diferente.

Parecia aureolada por uma luz que a envolvia sutilmente. Suas palavras mexeram com a irmã, mas não foram capazes de convencê-la.

Estela, um pouco irritada, replicou:

— Está certo. Vamos supor que o que você acabou de dizer possa realmente acontecer. Mas a justiça teria sido feita! Eu posso até ficar desempregada, mas o Heitor também teria a minha desforra e aprenderia a nunca mais roubar a oportunidade dos outros!

— E quem te falou que ele está roubando algo? Pelo que me contou, ele foi escolhido pelos seus próprios méritos! Vai assumir um cargo que está destinado a ele. Quem quer roubá-lo dele é você!

— Carol, nada do que me disser vai adiantar! Não vou desistir de tirar esse intrometido do meu caminho! Quer saber, vou descansar! Amanhã levanto cedo.

— Mas nem passeamos...

— Até mais, Carolina! Preciso realmente ir embora!

Aquela conversa não agradou Estela.

Para ela, Carol era politicamente correta e isso a irritava.

Porém, não havia como negar que ela a amava, embora não concordasse com os seus pensamentos altruístas. O seu lema sempre foi "cada um por si".

No caminho para casa, Estela começou a sentir umas pontadas abdominais. Era só ficar nervosa que ela sentia dores de estômago insuportáveis.

Desde criança apresentara crônicos problemas estomacais.

Seus pais a levaram em todos os médicos, mas nenhum soube tratar sua enfermidade com eficácia. Ela achava que era algum tipo de gastrite nervosa, pois vivia sempre muita agitada.

Ainda com dores, tomou um comprimido e foi se deitar.

Quando estava quase dormindo, teve a impressão de ter visto alguém em seu quarto, mas logo virou para o outro lado e começou a sonhar.

Estava em um lugar diferente, florido, muito bonito. Havia uma casa simples, onde morava um senhor que aparentava muita lucidez.

Ela sabia que o conhecia, só não se lembrava de onde.

Sua presença lhe causava um certo conforto. Resolveu aproximar-se dele e ganhou um abraço muito confortador.

"Nossa – pensou — fazia tempo que não abraçava alguém com tanto carinho!" Percebendo a sua alegria, aquela bondosa figura paternal, sorrindo, quebrou o silêncio:

— Estela, que bom revê-la! Faz tanto tempo que não nos encontramos! Eu sei que está passando por um momento difícil em sua vida e por isso resolvi visitá-la. Saiba que nada nos acontece ao acaso e que tudo que passamos na vida material é para a nossa própria evolução moral. Trazemos na consciência o Evangelho de Cristo e as Leis de Deus. Intimamente sabemos que os caminhos retos nos levam ao destino aprazado, mas os atalhos são tentadores e nos fazem perder a rota. Antes de partirmos para uma ação menos feliz, é necessário refletirmos nas consequências drásticas que surgirão. Sofremos muito justamente porque agimos por impulsos desvairados, frutos de nossas milenares imperfeições.

Breve pausa e ele continuou:

— Queremos ver satisfeito o nosso orgulho, alimentar a nossa vaidade e abusar de poderes vãos. Todavia, tudo isso é efêmero e transitório. O que fica em nós são apenas as marcas destrutivas, causadas pelos excessos que cometemos em nome de tantos prazeres fugazes. Minha filha, você tem certeza de que quer cometer o mesmo erro pela segunda vez? Tomará o veneno mortal da ambição novamente? Destruirá a sua própria vida para acabar com a vida de outrem? Será que já não sofreu o bastante?

Com bondade, tentou esclarecer a jovem:

— Encontra-se reencarnada e sob o véu do esquecimento. No entanto, pode sentir no corpo material os reflexos de seu próprio fracasso. Como explica as fortes dores estomacais e a constante irritação na garganta? Lembre-se, minha irmã, você tem uma nova e abençoada oportunidade de retificação! Não caminhe novamente por estradas tortuosas! Esqueça a vingança e lute pela paz! Trabalhe edificando o bem e logo o seu reconhecimento merecido virá. Saiba que o verdadeiro reconhecimento só pode vir de Cristo! Deus te abençoe.

Estela despertou um pouco nervosa. Era madrugada ainda e ela teve a sensação de que aquele sonho tinha
sido muito real. Nunca tivera uma experiência parecida.
Lembrou-se daquela figura paternal, mas não conseguia
se recordar inteiramente das palavras que ouvira.

Um pouco mais calma, ela conseguiu adormecer
novamente até o dia amanhecer.

CAPÍTULO III

Ironia do destino

DESDE cedo na empresa, Estela andava apressadamente pelos corredores e carregava uma pilha de papeis, quando um homem, vindo em sua direção, não percebeu a sua presença e, então, o choque foi inevitável.

Os relatórios que a moça segurava foram parar no chão e ela acabou se desequilibrando e caindo também.

Expressando raiva, ela levantou os seus olhos devagar, imaginando ver o desastrado do Rodrigo. Já se preparava para gritar com ele quando ouviu uma voz grave que, de forma gentil, lhe falou:

— Estela, desculpe pela minha distração! Eu vou te ajudar com os papeis.

Era Heitor! Ela disfarçou a contrariedade que sentiu e respondeu, fingindo certa humildade:

— Tudo bem, não se preocupe. Pode deixar, não precisa me ajudar...

Antes que ela terminasse de falar, com muita delicadeza, ele tomou as suas mãos nas delas e a ajudou a levantar-se do chão.

Foi quando, pela primeira vez, ela pôde olhar em seus olhos.

Por alguns instantes deixou-se permanecer ali, parada, contemplando aquele homem enigmático.

Contudo, num súbito recobrar de consciência, ela se recordou rapidamente de que ele estava prestes a roubar-lhe o seu lugar e, esboçando um pouco de arrogância, quis terminar logo com aquela situação constrangedora:

— Heitor, por favor, vá embora. Eu preciso me apressar para uma reunião que começará em cinco minutos. O que aconteceu não foi nada. Obrigada pela ajuda.

E sem que ele tivesse tempo de responder, ela saiu, um pouco envergonhada.

Durante a reunião, Estela não conseguiu se concentrar, pois só se lembrava do toque das mãos daquele homem a quem deveria odiar, mas que, por alguma ironia do destino, ela não conseguia...

Sílvia interrompeu as suas reflexões, indagando:

— Estela, o que foi aquilo, lá no corredor?

— Ah, você viu? Pois é, sou tão azarada que trombei justamente com quem não devia..

— Você percebeu o modo como ele te olhou?

— Ora, Sílvia, não sei do que você está falando!

— Estela, não se faça de rogada! Isso faz parte do seu "plano", não é?

— Claro que sim! Como você é esperta – ela disfarçou, para não admitir a verdade.

— Está certo. Vou trabalhar agora, senão acabarei demitida. Até mais amiga.

— Até.

De volta à sua mesa, Estela atendeu ao telefone, que tocava insistentemente.

E, para sua surpresa, do outro lado da linha...

— Estela? Sou eu, Heitor. Fiquei muito constrangido com o incidente de minutos atrás. Preciso me desculpar com você e, para tanto, quero que almoce comigo. Por favor, não recuse! Pretendo apagar essa imagem negativa que devo ter deixado em você.

Sem o menor controle de suas emoções, ela sentia que seu coração estava acelerado. As palavras sumiam de sua garganta e, diante de seu silêncio, ele prosseguiu:

— Estela, está me ouvindo? Te encontro em frente ao restaurante, ao meio-dia, tudo bem?

A única resposta que ela conseguiu pronunciar foi:

— Sim.

Desligou o aparelho com as mãos trêmulas de emoção e pensou: "Meu Deus, o que eu faço agora? Estou diante da minha grande oportunidade de começar o meu plano de acabar com aquele ladrão de cargos! No entanto, sinto que meu coração exultou de alegria com esse convite inesperado! Seria possível eu estar gostando justamente dele?"

No horário combinado, Estela o aguardava.

Permanecia na defensiva e estaria atenta a qualquer palavra que ele dissesse, afinal, era a sua oportunidade de ganhar a confiança do seu suposto inimigo.

Depois de alguns instantes, Heitor se aproximou e, com um sorriso nos lábios, a convidou para sentar-se à mesa.

Após os pedidos ao garçom, o aspirante a diretor tomou a iniciativa da conversa:

— Estela, mais uma vez, me perdoe pelo ocorrido! Eu estava distraído e nem vi que você caminhava em sentido contrário ao meu. Puxa, como sou desastrado! Conseguiu organizar novamente aquela pilha de papeis que você carregava?

Vestindo novamente a máscara de boa moça para convencê-lo de sua falsa generosidade, respondeu, solícita:

— Ora, Heitor, não precisa valorizar tanto o que aconteceu! Está tudo bem e a papelada foi organizada, não há motivos para se preocupar com isso. Vamos aproveitar que estamos aqui e nos conhecermos melhor. Nosso primeiro encontro foi rápido e agora temos um pouco mais de tempo para conversarmos...

— Tem razão. Naquele momento do incidente, eu estava voltando da sala do Dr. Bianchi. Eu fui pedir a ele que me deixasse te fazer uma proposta de trabalho. Tive ótimas referências suas e, como estou precisando de uma assistente, pensei que você fosse...

Antes que ele terminasse, Estela, furiosa, o interrompeu e, imprimindo uma certa carga de raiva na voz, perguntou:

— Mas você procurou o meu chefe sem antes me questionar se eu tinha interesse em trabalhar com você?

— Por favor, acalme-se! – ponderou o delicado interlocutor.

— Não admito esse tipo de atrevimento de sua parte! Mal nos conhecemos e você já quer mandar em tudo?

— Você está sendo injusta comigo, Estela! Antes que o seu orgulho dite as regras, vou te contar algo que eu não deveria, mas que, em razão do seu comportamento infantil, você merece saber!

— E o que você sabe de tão importante que eu já não saiba? – replicou, irônica.

— Que o seu nome está na lista dos próximos cortes que a empresa fará, no mês que vem. Sabendo disso, fui direto à sala do seu superior pedir que ele autorize, imediatamente, a sua transferência como minha assistente, a fim de preservar o seu emprego! Satisfeita agora, mocinha?

O tom jocoso usado por aquele homem pretensioso a encolerizou ainda mais.

Refeita da surpresa, ela refletiu por alguns instantes e decidiu que precisava mudar a estratégia, antes que perdesse o emprego.

Fingindo estar mais calma, resolveu partir para a conciliação:

— Desculpe-me! Não imaginava que a situação fosse tão grave! O julguei muito mal! Você só quis me ajudar e já achei que estava interessado apenas em satisfazer seus próprios interesses pessoais.

— Tudo bem, Estela. Também acho que me excedi. Mas vamos ao que interessa. Aceita a minha proposta?

— Não há como recusar, não é? Afinal, não tenho muita escolha...

— Nós sempre temos escolha. Você é muito competente e não é porque a nossa empresa pode demiti-la que não conseguirá uma recolocação até melhor do que a atual. Se trabalhar comigo lhe causa algum incômodo, por favor, esteja à vontade para recusar.

— Não! Não foi isso que eu quis dizer! – contemporizou a jovem. — Vamos parar com essa série de mal--entendidos! Eu aceito a sua proposta e fico muito honrada por isso.

— Assim está bem melhor! Agora, vamos almoçar em paz. Mais tarde acertarei os detalhes de sua transferência. Creio que nos daremos muito bem.

Após terminarem de comer, ela agradeceu novamente o convite, embora intimamente estivesse muito contrariada.

Assim que voltou ao trabalho, Estela foi direto para a sala do seu superior, tirar satisfações:

— Dr. Bianchi, o senhor tem um minuto?

— Sim, Estela, pode falar.

— Por que não me avisou do corte? Por que iria me demitir? O que eu fiz de errado? Sempre me dediquei com todo afinco ao meu trabalho! Tem tanta gente que não faz nada, que não é comprometida com a empresa! Não me conformo...

Interrompendo aquelas indagações indignadas e mantendo-se muito calmo, o gestor tomou a palavra:

— Estela, você sabe que em uma instituição grande como a nossa, infelizmente não temos o controle de tudo o que acontece. Há uma ordem superior que determinou que alguns funcionários do nosso setor fossem demitidos, principalmente aqueles que possuem anos de casa. Claro que tentei defendê-la, mas, na qualidade de subordinado, minha opinião não vale nada! Sou tão vulnerável quanto você. O nosso emprego depende de outros.

— E o que o Heitor veio fazer aqui? – indagou a jovem, contrariada.

— Ele quer que você continue conosco. Expliquei que não poderia te segurar na instituição se continuasse fazendo parte de meu quadro de colaboradores e, então, ele sugeriu que eu a transferisse para a área dele, como sua assistente. Dessa forma, seu emprego continuaria garantido. Ah, minha querida, penso que você não tem do que reclamar.

Por alguns minutos, ela concluiu que deveria admitir que o seu chefe tinha razão. Heitor só queria ajudá-la e agora ela ficaria devendo algo a ele. Como iria prejudicá-lo, se ele a salvou do pior? Seus pensamentos estavam confusos.

Agradeceu a atenção de seu chefe e saiu da sala. Dirigiu-se até o café, para poder respirar um pouco. Aquelas últimas horas foram muito intensas. Era difícil aceitar que o seu pior inimigo, de uma hora para outra, virou o seu "super-herói". Ela nunca se sentira tão humilhada. Afinal, só queria o seu lugar de direito, será que isso era pedir muito? Anos de dedicação estavam prestes a se esvair, tal como areia entre os dedos.

Não concordava com Heitor, quando ele disse "nós sempre temos escolhas". Isso não era verdade. No seu caso, acreditava ter sido "escolhida" por aquela situação inusitada e terminou presa às teias dos acontecimentos imprevistos. Sentia que precisava fazer alguma coisa, mas não tinha nenhuma ideia. Foi quando decidiu procurar por Carol, afinal, ela sempre carregava um sábio conselho nos lábios.

Era noite alta quando Estela tocou a campainha da casa de seus pais. Fazia tempo que não os visitava. Sua mãe era uma bela mulher e, mesmo com seus mais de quarenta e poucos anos, ainda despertava o desejo dos homens pela sua beleza exótica.

No entanto, ela sempre fora apaixonada por seu pai, um homem muito íntegro e dedicado às atividades altruístas. Carol realmente tinha a quem puxar.

A porta logo se abriu e sua mãe, Laura, a recebeu com um largo sorriso nos lábios:

— Filha, quanto tempo! Finalmente resolveu aparecer! Perguntei de você para a Carol, pois estava preocupada. Entre, por favor.

Estela não se dava muito bem com a mãe. Desde pequena sentia uma aversão por ela, não obstante seus esforços para conquistá-la. Não entendia o motivo de tal antipatia, pois reconhecia que sua genitora era uma

mulher muito humana e justa. Todavia, existem sentimentos simplesmente inexplicáveis.

Esboçando alguma ternura, a filha mais velha beijou a face de sua mãe e foi logo perguntando por Carol,
que ouviu o barulho de seu carro e, apressadamente, já
desceu as escadas:

— Estela, que bom que veio nos ver! Estava com
saudades!

— Carol, será que podemos conversar um pouco
lá no seu quarto? – sugeriu, um tanto nervosa, a jovem
executiva.

— Claro.

E após estarem a sós, Estela contou todo o ocorrido
para a irmã e pediu um conselho sobre o que fazer, deixando claro que não queria desistir de tentar ficar com o
cargo de seu atual chefe.

Carol, sempre ponderada, refletiu por alguns instantes e, muito inspirada, respondeu:

— Minha irmã, está aí uma prova do que eu disse a você em outra oportunidade: as situações na vida
mudam muito rápido e, agora, veja o que te aconteceu!
O seu maior desafeto foi a grande mão salvadora de seu
emprego! Como você ainda quer tentar fazer algo contra
esse homem que parece gostar tanto de você? Não será
melhor deixar que a vida siga o seu curso naturalmente?
Trabalhe com ele e, quem sabe, você finalmente colherá os
frutos de seu labor honesto. Lembre-se que nem sempre
quando as coisas não acontecem como desejamos, significa que estejam erradas...

Estela ouvia atentamente as palavras da irmã. Sabia que os seus conselhos estavam corretos, mas a ambição que nutria dentro de si ainda era maior. Era inconcebível ter de aceitar que permaneceria naquele mesmo cargo por muito mais tempo. O seu orgulho estava ferido demais para ser desprezado.

Nesse instante, aquela entidade espiritual sombria envolvia os seus pensamentos e o seu coração. E, tomada por esse sentimento egoísta, potencializado pelo envolvimento da entidade sinistra, retrucou, angustiada:

— Carol, eu não consigo concordar com você. A minha vontade de estar no poder é muito mais forte, é tudo o que eu sempre desejei! Desculpe, mas preciso ir embora...

— Estela, pense bem – ponderou, entristecida, a irmã mais nova – nenhuma ação que praticamos aqui fica sem resposta. Eu não posso interferir em seu livre-arbítrio, mas saiba que o caminho que está escolhendo é um atalho que não te levará a nada, a não ser ao encontro de mais sofrimentos e decepções. Fique com Deus.

Estela agradeceu e foi para casa, afinal, estava exausta! Precisava dormir, pois teria um longo dia pela frente e decidiu que daria início ao plano sujo de armar uma arapuca para tirar Heitor de seu caminho.

✳

Na manhã seguinte, a executiva recebeu o comunicado de que teria que se apresentar na sala de seu mais novo chefe.

Sílvia, que não perdia a oportunidade de disparar dardos venenosos contra a "amiga", comentou, cínica:

— Quer dizer que já vai para a sala nova, Estela? Ai, minha amiga, eu no seu lugar já teria dado chilique! Onde já se viu, uma profissional de seu gabarito ser tratada assim, como uma qualquer? Sua vida foi decidida sem ouvirem ao menos a sua opinião. Quanta injustiça!

As palavras de Sílvia mexeram ainda mais com o ego ferido de Estela. Ela sentiu muita raiva da sua situação e prometeu para si mesma que acabaria com tudo isso o quanto antes.

Enfurecida, ela acatou a ordem e se dirigiu à sala de Heitor. Lá chegando, foi recebida pessoalmente por ele, que, por sinal, estava magnífico, vestindo um terno azul-marinho, combinando com uma camisa branca de fina alfaiataria e, nas mãos, segurava um buquê de flores do campo.

Surpresa, Estela indagou:

— Então é hoje que começo a trabalhar diretamente com o senhor?

— Sim, hoje começamos uma nova etapa! Quero te dar as boas-vindas e, humildemente, ofereço-lhe estas singelas flores, para que se lembre do dia de hoje com muita alegria, pois é exatamente assim que me sinto com sua presença: muito alegre!

Diante do inusitado gesto carinhoso de seu suposto inimigo, a jovem estremeceu. As palavras fugiram de sua boca e, seu coração, descompassado, parecia que ia saltar de seu peito.

Recompondo-se rapidamente, ela agradeceu, sinceramente comovida:

— Nossa, Heitor, eu não esperava ser tão bem recebida. Espero que eu consiga retribuir toda a confiança que deposita em mim.

— Então, primeiramente, receba estas flores.

— Claro, me desculpe, são lindas.

— Vão enfeitar a sua mesa nova, Estela.

E, num gesto, dirigiu-se à sua secretária:

— Cris, por favor, mostre à nossa mais nova colaboradora onde será a sala dela.

— Sim, senhor Heitor – respondeu, cordialmente, a secretária.

Estela, um pouco angustiada e temerosa, seguiu a secretária em direção ao seu gabinete.

Lá chegando, deparou com um local muito acolhedor, além de elegantemente arrumado.

Os móveis, todos de madeira artesanal, denotavam um certo ar de seriedade ao local, porém, quadros com paisagens paradisíacas, contrastavam com a decoração, dando leveza ao ambiente.

A jovem colocou o buquê de flores em sua mesa e lembrou-se dos instantes que acabara de viver e da emoção que jamais havia sentido antes.

Ainda de modo inconsciente, ela desconfiava que algo diferente acontecia em seu interior, mas era muito difícil admitir que poderia estar se apaixonando justamente pela pessoa que julgava ser a errada.

Capítulo IV

Romance

HEITOR estava radiante. Trabalhar com Estela era o seu maior desejo, afinal, além de suas inesgotáveis qualidades profissionais, ele se sentia muito atraído por ela.

Procurava achar uma maneira bem gentil de falar abertamente sobre os seus sentimentos, mas achava cedo demais para tal atitude.

Tinha consciência de que ainda precisava apresentar um grande trabalho para substituir o Dr. Bianchi e necessitava se concentrar nele para, de fato, garantir definitivamente a vaga na diretoria da empresa.

Sabia que a sua ascensão profissional era fruto do seu mais árduo trabalho. A sua família morava no sertão e, desde a infância, Heitor sonhava em se tornar um grande executivo para melhorar a situação de seus pais.

Imbuído por esse nobre ideal, em tenra idade, ele veio para a cidade grande morar com alguns parentes e, assim, teve a oportunidade de estudar.

Formou-se, com muita dificuldade, em Administração de Empresas. Foi bolsista na Universidade em que estudava e, por essa razão, suas notas sempre tiveram de ser as melhores.

Era portador de um caráter íntegro e honesto.

Aos poucos, conseguiu auxiliar os seus pais e, atualmente, eles vivem na cidade em condição financeira confortável.

Apesar de suas conquistas profissionais, ele sentia falta de uma companhia, alguém para compartilhar a vida. Sempre fora romântico, mas as mulheres que conhecia eram interesseiras e fúteis, muito diferentes dele. No entanto, Estela lhe despertara um sentimento tão forte que ainda não havia experimentado.

Quando ela foi à sua sala, pela primeira vez, sentiu que a paixão se instalaria rapidamente em seu coração. Estava feliz e esperançoso nesse romance que idealizava com sua mais nova assistente.

Todavia, ele nem desconfiava das verdadeiras intenções de sua eleita.

✳

O tempo passou célere e Heitor obteve total êxito na apresentação de seu importante trabalho ao presidente da empresa e, por tais méritos, foi formalmente empossado na diretoria.

O Dr. Bianchi, extremamente satisfeito, despediu-se da instituição para gozar de sua merecida aposentadoria. Enquanto a confraternização se estendia, Estela chorava sozinha e escondida. Esperou tanto por aquele momento e acreditava ter sido vítima de uma grande injustiça. Não conseguia entender o motivo pelo qual a vida havia sido tão cruel com ela, pois sempre trabalhava duro e achava que merecia muito mais aquele cargo do que o seu atual chefe.

Sílvia, que a observava de longe, sentia certa alegria em ver a "amiga" tão ferida, já que a invejava pelo seu potencial e pela sua beleza.

Na verdade, o tempo todo fingiu ser sua amiga porque achava que Estela seria a próxima diretora. Porém, como isso não aconteceu, ela decidiu ir se afastando aos poucos e, agora, havia colocado como objetivo primordial se aproximar de Heitor, a fim de que ele a ajudasse a "subir" mais rápido em sua carreira.

O novo diretor, que logo percebeu que Estela não estava junto dos outros funcionários, decidiu sair à sua procura.

Assim que desceu as escadas, ele observou a jovem, que continuava chorando. Estela, percebendo a aproximação do seu superior, tratou de enxugar rapidamente as lágrimas e, com um falso sorriso, disfarçou:

— Olá, Heitor, eu precisei descer para pegar a minha agenda que ficou na gaveta de meu antigo gabinete!

O mais novo diretor, que logo percebeu que a sua assistente tentava esconder a tristeza, fingiu que acreditou naquela explicação e, muito afável, respondeu:

— Querida, não precisa se justificar. Eu vim aqui te procurar porque senti a sua falta na festa de confraternização. Embora todos aqui na empresa tenham me dado os cumprimentos pelo novo cargo, não me lembro de ter ouvido felicitações suas...

— Puxa, Heitor – replicou a jovem, ruborizada – me perdoe! Justamente porque você estava rodeado de amigos eu achei melhor não me aproximar naquele momento...

Antes que a executiva pudesse prosseguir, Heitor, inebriado pela emoção de estar a sós com a sua paixão, olhou-a nos olhos e, num tom mais sério, confidenciou:

— Estela, eu realmente recebi muitos votos de sorte, mas, para mim, só o que vem de você é importante. Sem a sua presença, tudo perde o brilho. Será que você ainda não percebeu os meus verdadeiros sentimentos?

Estela estava atônita! Seu coração novamente a denunciava pelas batidas aceleradas e ela correspondia àquele amor. Sabia que cedo ou tarde aquilo acabaria acontecendo.

Em uma fração de segundos, um filme de sua vida passou diante de seus olhos e sabia que o momento era decisivo.

Será que realmente estaria disposta a se entregar a este amor e a abandonar de vez a sua obsessão por um cargo maior?

O coração de Estela tomou a decisão mais importante de sua existência: viver um romance.

Completamente dominada por seus sentimentos, a executiva aproximou-se de Heitor e, com um gesto espontâneo, fechou os olhos.

Ele, que estava muito emocionado, acariciou-lhe o rosto e beijou-lhe os lábios, envolvendo-a em um forte e carinhoso abraço.

Entretanto, o casal nem suspeitava que perto dali estava Sílvia, que os observava.

A falsa amiga de Estela, já completamente dominada por pensamentos egoístas e invejosos, estava furiosa e decidiu que faria qualquer coisa para acabar com aquele namoro e roubar o coração de Heitor.

✳

A noite já havia caído quando Estela deixou o escritório. Um turbilhão de pensamentos a assaltava. O que seria de sua vida agora? O que foi aquele beijo? O feitiço havia virado contra o feiticeiro e, agora, estava realmente apaixonada por aquele homem, que até alguns instantes atrás julgava ser o seu maior inimigo.

Como o encararia no dia seguinte? Será que não seria melhor se demitir? Precisava falar com Carol o quanto antes!

Decidida e encontrar a irmã, ela mudou o caminho e seguiu direto para a casa de seus pais.

Lá chegando, após cumprimentar sua mãe, Estela subiu direto para o quarto da irmã. Carol, que de imediato percebeu a sua aflição, indagou:

— Estela, o que houve? Que grave motivo foi capaz de trazê-la até aqui tão tarde?

— Carol, eu preciso muito desabafar!

— Mas aconteceu alguma coisa grave? Tem a ver com o seu emprego?

— Mais ou menos minha irmã. Com o meu emprego está tudo igual. O problema é que eu me apaixonei...

A irmã mais nova, demonstrando surpresa, reagiu com alegria:

— Mas Estela, isso não é um problema. É maravilhoso! Por que está assim tão aflita?

— Porque estou apaixonada pelo Heitor, a quem eu deveria odiar e sabotar!

— Não acredito, minha irmã! Olha o que a vida foi capaz de fazer! Você estava tão mal-intencionada com este rapaz e foi salva de si mesma pelo sentimento mais nobre que existe: o amor! Está vendo como Deus age certo? Impediu que você se prejudicasse, caso resolvesse levar a cabo aquele seu plano terrível contra este pobre moço.

— Minha querida – prosseguiu a irmã —, eu creio que você deve deixar esse sentimento puro fluir de uma vez. Se entregue verdadeiramente ao amor e só terá coisas boas em sua vida. Lembre-se de que nada é mais valioso do que a nossa consciência tranquila. Aceite esse presente que a vida te oferece.

Estela estava emocionada com as belas palavras de Carol. Realmente não havia pensado por este prisma. O amor de Heitor era o seu maior bem agora e ela decidiu que, a partir dali, abandonaria de vez qualquer intenção menos digna contra ele.

Mais encorajada, a bela executiva agradeceu:

— Carol, eu sou muito grata pela sua ajuda. Não sei o que seria de mim sem os seus sábios conselhos.

— Estela, seja feliz! E venha me contar as novidades!

– despediu-se a irmã, satisfeita com as notícias.

✳

Heitor mal conseguira adormecer. O beijo que trocara horas atrás com sua assistente o deixou inquieto e emocionado. Ele tinha consciência de que um romance com uma colaboradora da empresa, principalmente sua subordinada direta, talvez lhe custasse o cargo que tanto lutou para conseguir.

Mesmo assim, ele estava disposto a abdicar da carreira longa que poderia ter naquela empresa em troca do amor de sua eleita.

Planejava ter uma conversa muito séria com Estela e falar de suas intenções sólidas com ela. Afinal, antes de tomar qualquer decisão, era necessário conhecer os sentimentos de sua amada.

Que reviravolta a vida havia lhe proporcionado! Nunca pensou que teria que escolher entre o amor e a carreira! Tudo havia acontecido ao mesmo tempo, porém, ele não se revoltava com isso.

Ao contrário. Ele sabia que a vida, na maioria das vezes, nos direciona para caminhos que não escolhemos, mas que, sabiamente, são os melhores para nós.

Estava convicto de que faria a escolha certa. Essa certeza no coração o fez adormecer, quando a madrugada já era alta.

＊

Por outro lado, Sílvia foi para casa se remoendo de ciúmes da colega. Não é que realmente Estela estava conseguindo colocar seu plano em ação? Heitor era rodeado por mulheres de todos os tipos e não se conformava de que justo ela havia conseguido seduzi-lo!

Não poderia permitir que a "amiga" concretizasse a vitória e ocupasse o cargo na diretoria. Isso porque ela tinha medo de que, quando Estela estivesse no poder, descobrisse a falsidade de sua amizade e a demitisse.

Sempre foi rancorosa e muito ambiciosa. No início de sua amizade com Estela, identificou-se bastante com ela, mas depois viu que, acima dessa amistosa relação, o interesse era muito maior.

As vantagens que teria por ser amiga de uma futura diretora eram inúmeras, principalmente, a de conseguir um cargo melhor sem muito trabalho e com um bom salário.

No entanto, como a "amiga" acabou sendo preterida pelo ex-diretor, Sílvia achou por bem afastar-se dela e roubar-lhe a ideia de conquistar o sucessor de Dr. Bianchi, pois, afinal de contas, ser a amante do chefe lhe traria muito mais benefícios e prestígio social.

E para alcançar esse objetivo, teria que conquistar aquele rapaz o quanto antes.

Enquanto pensava na maneira pela qual destruiria o amor daqueles dois, ela não se apercebera de que aquela mesma sombra muito estranha, que já a acompanhava a certo tempo, voltou a envolver a sua mente de forma bem sutil.

Quanto maior a aproximação da criatura sombria, mais forte Sílvia sentia que deveria concretizar o seu sinistro plano.

A entidade, que se tratava de um espírito desorientado pela mágoa e envenenado de rancor, aproximou-se ainda mais dela. E bem próximo aos seus ouvidos, sugeriu, maldosamente:

— Isso mesmo! Você é quem deveria estar aos beijos com o Heitor! Suportou tantos desaforos naquela empresa miserável e agora vai deixar que aquela oportunista roube o seu lugar?

Sílvia não ouvia diretamente as palavras pronunciadas pela criatura, mas já estava completamente envolvida por ela.

O espírito obsessor, percebendo que a sua "vítima" já se encontrava plenamente sintonizada com as suas vibrações perniciosas, continuou a influenciá-la:

— Vamos, Sílvia, é fácil acabar com a sua "amiguinha". Conte ao Heitor que Estela só se aproximou dele para tirá-lo do cargo e que, na verdade, ela sempre achou que ele não passava de um usurpador. Você estará fazendo um favor para ele e não estará contando nenhuma mentira. Ele será grato e, em troca, te oferecerá as vantagens financeiras que deseja.

A obsediada refletiu por alguns instantes. Mal sabia que havia introjetado a sugestão sinistra do desencarnado e achou que ela mesma acabava de ter uma grande ideia.

Afinal, não seria nada mal contar toda verdade ao Heitor sobre o plano que Estela tinha de seduzi-lo para logo depois acabar com a sua carreira e finalmente ocupar o seu lugar.

Ela só não entendeu porque não havia pensado nisso antes e adormeceu, devidamente vigiada pelo espírito obsessor que, intimamente, exultava de alegria.

✳

Na manhã seguinte, Estela se encontrou com Heitor no café.

Ele a convidou para tomarem o desjejum em um local fora da empresa, para que pudessem ficar mais à vontade.

Ambos estavam um pouco confusos com o que havia acontecido na noite anterior, mas o novo diretor, com a delicadeza que lhe era peculiar, quebrou o silêncio:

— Estela, creio que precisamos ter uma conversa séria sobre nós dois. O que aconteceu ontem não foi só um beijo. Ao menos para mim não. Eu gostei de você desde o instante em que pisou no meu gabinete pela primeira vez. Sei que um romance entre diretor e subordinada não será bem visto na empresa, mas estou disposto a sair da instituição e procurar outro lugar para trabalhar, se você aceitar ficar comigo.

A executiva tinha lágrimas nos olhos. Ela havia se arrependido de ter tido más intenções com aquele rapaz tão honesto. Depois de passar alguns meses trabalhando com ele, pôde perceber que o Dr. Bianchi acertou em sua escolha: Heitor era íntegro, inteligente e sabia lidar com todos os tipos de pessoa. Realmente, entre os dois, ele merecera a indicação.

Sentia-se muito mal em ouvir que ele renunciaria ao cargo que tanto desejou para ficarem juntos, ao passo que ela, sempre ambiciosa, muito provavelmente sacrificaria o romance pela ascensão profissional.

Rapidamente, lembrou-se de Carol quando ela disse que a vida lhe oferecera um presente e que deveria aceitá-lo.

Assim, mais confiante com a lembrança das palavras da irmã, Estela respondeu:

— Heitor, não vou mentir. Quando o Dr. Bianchi me revelou que você seria o indicado para ocupar a cadeira que ele deixaria vazia, eu me senti muito humilhada. Anos a fio trabalhando naquela empresa e, no momento do reconhecimento, fui trocada por um funcionário novo. Mas quero que saiba que já estava me conformando com a situação, antes mesmo do nosso envolvimento mais direto. Trabalhar contigo me fez enxergar o seu talento e a sua capacidade profissional que eu não queria aceitar. Por isso, não quero que escolha entre nós e a empresa, não é justo. Estou muito cansada de trabalhar aqui e acho que talvez seja uma boa hora de eu me reciclar, procurar outro emprego.

Antes que ela concluísse o raciocínio, ele a interrompeu:

— Não faça isso! Se você sair da empresa me sentirei culpado demais. Tenho uma proposta: vamos deixar que as coisas aconteçam naturalmente. Tenho certeza de que a própria vida se encarregará de nos levar ao caminho certo.

Estela concordou com ele. Estava apaixonada e decidiu que, pela primeira vez, permitiria que as rédeas de sua vida fossem conduzidas pelo destino.

Algumas horas se passaram e a jovem executiva lembrou-se de sua amiga Sílvia. Precisava dar um jeito de lhe contar as novidades e ansiava em vê-la. Sem titubear, ela pegou o telefone e, do outro lado da linha:

— Oi, Estela – atendeu Sílvia, imprimindo uma falsa alegria na voz – estava mesmo pensando em você! Quando seu chefe vai te liberar para tomarmos aquele cafezinho?

— Já liberou, minha amiga! Posso te encontrar por aí? Você está ocupada?

— Para você eu nunca estou ocupada – arrematou a falsa colega – estou te esperando...

E, em breves instantes, as duas se encontraram. Estela, que nem desconfiava da hipocrisia da amiga, estava radiante e não via a hora de poder contar as boas novas a sua fiel companheira.

Porém, teve que adiar a sua vontade, pois um chamado inesperado do gestor de sua amiga quebrou os minutos que teriam para conversar.

CAPÍTULO V

Reencarnação compulsória

ROBÉRIO e Flávio eram entidades que habitavam o plano inferior do orbe terrestre e tinham por objetivo frustrar os planos de Estela. Em um passado remoto, ambos foram vítimas de sua sedução e traição, e agora, tomados pelo rancor, esperavam ansiosamente o momento da vingança. Como Estela tinha muita proteção espiritual, mérito conquistado pelo seu arrependimento enquanto esteve na erraticidade[1] aguardando esta atual existência, resolveram se aproximar de Sílvia, a sua melhor amiga, para então concretizarem os seus planos de revide.

---

1. Erraticidade, segundo Allan Kardec, é o estado em que o espírito desencarnado permanece, no plano espiritual, para aperfeiçoar o seu aprendizado, a fim de enriquecer os seus conhecimentos e obter êxito em uma próxima experiência corpórea – Nota do Autor Espiritual.

A ideia era fazer com que ela traísse a amiga, roubando-lhe o seu amor e o seu posto profissional, do mesmo jeito que Estela havia feito com eles em tempos remotos.

Todos os que são por nós ultrajados e magoados, quando não conseguem perdoar, acabam retornando para, um dia, acertarem as contas.

— Robério, você não ouviu o que eu disse?

— Desculpe, chefe, estava distraído.

— Assim que Sílvia retornar, não saia de perto dela, precisamos estar lá quando Estela revelar à "amiguinha" que está verdadeiramente apaixonada por Heitor.

— Ora, Flávio, não é difícil insuflar a moça com as nossas sugestões maldosas, afinal, ela tem uma índole desonesta e ambiciosa, o que favorece a nossa intervenção.

— Sim, Robério, mas é bom estarmos vigilantes, pois qualquer atitude um pouco mais nobre da parte de nossa vítima pode nos afastar, você sabe...

— Tranquilize-se, colega, será fácil manipular Sílvia do jeito que combinamos – concluiu Robério.

✳

A noite já era alta quando Estela voltou à sua casa.

Estava decepcionada por não ter conseguido conversar com a amiga e compartilhar o turbilhão de sentimentos que a envolvera naqueles últimos dias.

Sentia-se exausta e precisava descansar.

Quanto estava adormecendo, começou a ter alguns pensamentos estranhos, sugeridos pela dupla de algozes que a perseguia.

Decifrando estrelas

— Vai, Robério, ela está ouvindo – gritou Flávio, desesperado.

— Quero ir, mas estou me sentindo um pouco estranho...

— Não acredito que vai titubear, Robério! Vamos, sugira a ela que ligue agora para Sílvia!

Robério não estava entendendo o que lhe sucedia. Uma espécie de torpor e de quentura lhe invadiu a alma e ele não conseguia se aproximar mais de sua vítima, que, nessa altura, já adormecera no sofá.

Flávio, revoltado com a inércia inexplicável do amigo, se conectou mentalmente à executiva e lhe sugeriu:

— Por que não liga para Sílvia agora? Ela está em casa, sem fazer nada. Marque um encontro para conversarem com mais calma. No serviço é muito ruim, são quase sempre interrompidas pelos chefes que não tem mais o que fazer...

Estela, acreditando que sonhava, acolheu inconscientemente as sugestões do algoz e logo pensou que, no dia seguinte, marcaria um encontro com a amiga, já que havia chegado o fim de semana.

Flávio, percebendo que sua influência foi sentida e aceita pela sua vítima, sorriu radiante para Robério, que ainda permanecia confuso com as estranhas sensações que havia experimentado há poucos instantes.

✳

63

Os obsessores não saíram da casa de Estela e a aguardavam despertar para, então, colocarem o plano tórrido de vingança em prática.

Estela, ao acordar, se recordou prontamente da ideia que tivera no dia anterior e, sem pensar em mais nada, ligou para a "amiga":

— Sílvia, é você?

— Estela? O que houve?

— Amiga, não aguento de ansiedade, precisamos conversar. Pode vir aqui em casa agora?

Sílvia, um tanto surpresa, mas intimamente satisfeita, consentiu e logo se dirigiu ao destino.

Na hora combinada, a campainha tocou.

Estela, afoita, logo abriu a porta e, após os cumprimentos, começou a narrativa:

— Sílvia, você não vai acreditar no que aconteceu comigo e com o Heitor...

— O que foi, Estela? Conseguiu finalmente seduzí-lo?

Constrangida com a frieza da indagação, Estela replicou:

— Nossa, Sílvia, por que esse tom?

A amiga logo se recompôs, disfarçou e respondeu:

— Nada querida, desculpe, expressei-me mal...

Estela então prosseguiu:

— Estou apaixonada! Sério, de verdade! Não quero mais prejudicar o Heitor. Ficaremos juntos e inclusive estou disposta a deixar a empresa para que ele siga a sua carreira livremente.

Enquanto ouvia a narrativa, a falsa amiga foi tomada de um rancor imenso.

Não era possível que Estela de fato abandonaria uma oportunidade tão grande de aplicar um golpe em Heitor por causa de uma simples paixão.

Bem que já havia desconfiado, mas ainda tinha uma pontinha de esperança de ter se enganado quanto às reais intenções que Estela tinha quando se aproximou de Heitor.

Robério e Flávio, cientes da revolta íntima de Sílvia, a envolveram em sentimentos ainda mais negativos, a fim de provocá-la para prejudicar Estela.

Ao concluir toda história, a mais nova apaixonada contemplou o semblante de Sílvia e percebeu que ela não demonstrava felicidade, mas sim um certo descontentamento.

Para se livrar daquilo, que imaginou ser somente uma impressão, indagou à amiga:

— Sílvia, está tudo bem? Parece que não gostou muito do que te contei, algum problema?

— Não, Estela, pelo contrário, estou muito feliz – fingiu.

— E o que você acha de minha saída da empresa?

— Ora, se você pensa que esse suposto romance vale o sacrifício do seu maior sonho, vá em frente. Agora tenho que ir.

— Mas, Sílvia, ainda está tão cedo...

— Estela, infelizmente hoje tenho compromissos e preciso ir embora. Nos falamos melhor na empresa.

Com pressa, Sílvia dirigiu-se até a porta e saiu, um pouco atordoada.

Robério e Flávio ainda permaneceram com Estela, para se certificarem de suas impressões.

A executiva estranhou a reação da amiga, mas seus inimigos ocultos logo se aproximaram e fizeram sugestões para afastar qualquer desconfiança de sua parte. Assim, a mais nova apaixonada acabou esquecendo o ocorrido e foi se arrumar para se encontrar mais tarde com o seu querido Heitor.

Robério permanecia inquieto, sentindo-se perturbado.

Flávio, que percebeu a aflição do companheiro, questionou:

— O que foi, Robério, sente-se mal?

— Não sei explicar, mas me sinto impotente diante de Estela. Quando penso em prejudicá-la sinto como se uma barreira imensa me impedisse de executar a tarefa.

— Está ficando sentimental agora, meu caro, está? – retrucou Flávio, em tom jocoso.

— Não sei o que acontece, mas é quase que incontrolável...

— Ora, deixa disso, Robério, temos muito a fazer ainda hoje!

*

Estela não se controlava de tanta alegria. Faltavam poucas horas para seu encontro com Heitor e seu coração já estava explodindo de tanta ansiedade.

Não imaginava que o amor era assim, um grande turbilhão de emoções. Lembrou-se de quando nem pensava que podia se apaixonar, que o seu grande e único objetivo era sua ascensão profissional e o enriquecimento material e pensou:

"Como pude ser tão tola, achar que a vida se resume em trabalho, trabalho e mais trabalho..."

De inopino, ela foi tirada de seus pensamentos quando ouviu o som da sua estridente campainha...

Ao abrir a porta, Estela pôde sentir o seu coração bater ainda mais descompassado, deixando transparecer, juntamente com o suor frio de suas mãos, o quão inebriada estava se sentindo.

Diante da figura um pouco transtornada de sua amada, Heitor, mais sereno, mantinha-se parado, contemplando a eleita de cima a baixo, admirando cada ponto de seu corpo esguio e elegante.

Para quebrar o gelo, o cavalheiro dirigiu-lhe as palavras:

— Estela, como está linda! Será que me daria a honra de me convidar para entrar em sua casa?

A interpelada, ainda meio sem jeito, respondeu, balbuciando as palavras:

— Claro, Heitor, desculpe...

E antes que pudesse pensar em dizer mais alguma coisa, Heitor arrematou o corpo da jovem em seus fortes braços, apertando-a contra o peito, em um beijo arrebatador.

No entanto, enquanto a cena de amor se estabelecia entre os protagonistas, algo de muito intrigante acontecia com Robério, que, junto com Flávio, permanecia na casa de Estela a vigiar-lhe a mente e os passos, apenas pela sede da vingança.

— Robério, o que está acontecendo com você? Está pálido.

— Não sei, Flávio, me sinto estranho, parece que não sou mais o dono de mim mesmo...

— Que é isso, cara? Vai amarelar justo agora que estamos conseguindo influenciar Sílvia?

— Não é a minha vontade... Luto com todas as forças contra esse impulso que resolveu me atordoar...

E enquanto as duas entidades tentavam em vão entender o que ocorria com Robério, Estela e Heitor, cada vez mais entregues à paixão, já estavam sem as suas vestes, unidos em uma comunhão sexual eivada de muito respeito e amor.

Contudo, o casal ignorava que algo muito especial aconteceria naqueles instantes.

Longe da visão de todos os presentes no apartamento de Estela, estavam dois espíritos designados para auxiliar na reencarnação de Robério, que aconteceria naquele dia.

Tratava-se de Bella e Dinho: eles foram escolhidos pela espiritualidade para ajudar aqueles personagens que, mais uma vez, se reencontravam na esfera carnal para ajuste de contas.

Vivemos inúmeras vidas, principalmente com a finalidade de nos reajustarmos com aqueles que um dia prejudicamos.

E Deus, em sua infinita sabedoria, faculta-nos saldar todas as nossas dívidas de modo parcelado, para que não saiamos totalmente sucumbentes da missão que precisamos concluir.

Quando o espírito já adquiriu um mínimo grau de conhecimento das Leis Divinas, o planejamento da próxima reencarnação geralmente é feito em conjunto com os mentores designados para executar tal tarefa, sendo, inclusive, permitido que o reeencarnante opine sobre as provas ou expiações que deseja ou necessita passar.

E então será traçado um plano consensual, que levará em consideração o grau de conhecimento, o passado e o merecimento daquele que conseguiu o prêmio de voltar ao plano carnal mais uma vez.

Isso porque reencarnar no orbe terrestre não é assim tão fácil quanto parece.

É preciso muito esforço para adquirir esta conquista, sendo que muitas vezes pode-se esperar séculos para que seja levada a efeito uma nova experiência material.

Além das reencarnações planejadas, existem aquelas em que o espírito reencarnante, ainda envenenado pelo ódio, rancor e mágoa, adquiridos em suas pretéritas existências, deseja permanecer junto de seu "algoz", de forma perene, a fim de aniquilar-lhe qualquer possibilidade de êxito em suas próximas vivências e, ao invés de se preocupar com o próprio progresso, ocupa a mente desejando o mal daquele que o prejudicou.

Assim, para estancar esse cenário vicioso, nosso querido Pai, mais uma vez, envia seus anjos ou espíritos benfeitores para auxiliarem este companheiro desencarnado e infeliz, para que, mesmo inconscientemente, ganhe uma nova oportunidade na vida corpórea, a fim de apagar de sua mente e de seu corpo astral as fortes marcas de sofrimento que ainda carrega.

A nova vida poderá finalmente libertá-lo e então o espírito reconquistará o domínio de sua consciência e resgatará a vontade de progredir.

Essa forma de ingresso no mundo carnal é denominada de reencarnação compulsória[2], ou seja, ainda que o reencarnante não tenha consentido conscientemente com o planejamento reencarnatório realizado para ele, o que pode ser feito também a pedido de alguém que muito o estima, poderá ser chamado à uma nova vida, graças à misericórdia de Deus, que jamais se esquece de nenhum de seus filhos.

Robério é um desses espíritos ainda perdidos pelo desejo de desforra.

---

2. Vide pergunta n° 262, "A", de *O Livro dos Espíritos*, de Allan Kardec: — *Quando o Espírito goza do livre-arbítrio, a escolha da existência corporal dependerá sempre exclusivamente de sua vontade, ou essa existência lhe pode ser imposta, como expiação, pela vontade de Deus?* "*Deus sabe esperar, não apressa a expiação. Todavia, pode impor certa existência a um Espírito, quando este, pela sua inferioridade ou má-vontade, não se mostra apto a compreender o que lhe seria mais útil, e quando vê que tal existência servirá para a purificação e o progresso do Espírito, ao mesmo tempo que lhe sirva de expiação.*"— Nota da médium.

Quando muito jovem, conheceu Estela em uma vida passada, ainda como Claudette, uma princesa vingativa e egoísta que lhe seduzira e o reduzira a pó.

O amor que sentia pela moça rica e cruel transformou-se facilmente em ódio e, por isso, jurou persegui-la por toda a eternidade.

Flávio, que também foi uma das vítimas da sedução de Claudette, conheceu Robério quando desencarnou e a ele se aliou, com o intuito de destruir qualquer tipo de felicidade da mulher que também arruinara os seus sonhos de ventura.

Porém, Claudette, ao desencarnar, foi auxiliada pelo benfeitor espiritual Elias, que cuidou para que ambos não conseguissem localizar a sua protegida, a fim de que ela pudesse se arrepender de seus erros e planejar com serenidade a próxima vivência na carne.

Enquanto Claudette permaneceu na erraticidade aguardando a próxima oportunidade de retorno à Terra, conheceu Heitor, um amor de outras vidas, a quem não reconhecera como um espírito afim por ainda manter uma consciência muito restrita de si mesma.

Heitor pediu ao seu superior para retornar ao lado da amada para que juntos pudessem vencer os desafios. Por ter muitos méritos, ele teve o pedido aceito. Mesmo sabendo que não precisava mais retornar ao orbe terrestre, pois já havia conquistado uma evolução superior, preferiu permanecer ao lado de seu amor.

Isso porque, quando se ama verdadeiramente, não se é plenamente feliz se o ente querido ainda sofre.

Heitor resolveu embarcar novamente nesta viagem com sua amada e ajudá-la a superar todas as provações que a aguardavam para, enfim, quando estivessem de volta à pátria espiritual, pudessem viver este amor libertos de qualquer mácula.

Desse modo, dois anos após o ingresso de Claudette na vida material, agora como Estela, Heitor retornou e se prontificou a ser o pai de Robério, pois, mesmo não tendo com ele nenhum tipo de desajuste do passado, resolveu adotá-lo para deixar um pouco menos penosa a vida de Estela.

Robério estava cada vez mais desfalecido. Um torpor inebriante tomou conta de sua mente e não conseguia mais resistir. Perdeu os sentidos.

Flávio, assustado, sacudia o amigo, que permanecia inerte.

Foi quando percebeu duas luzes muito fortes caminhando em sua direção.

Eram os espíritos Bella e Dinho, que já se preparavam para iniciar o processo de ligação de Robério ao óvulo que logo iria ser fecundado.

Flávio estava apavorado com a inusitada situação e, na velocidade de um raio, deixou o recinto.

Dinho pegou o corpo fluídico de Robério, que mantinha-se desacordado, e aplicou-lhe alguns passes, de cores verde e azul.

Logo após a troca energética, o perispírito de Robério foi diminuindo gradativamente, até chegar ao tamanho de um bebê.

Bella o pegou no colo e silenciosamente elevou o pensamento ao Alto, rogando aos espíritos superiores que os auxiliassem na conclusão daquela tarefa tão importante.

A resposta veio na forma de um grande coração, que se desenhou fluidicamente no quarto onde o casal descansava, após algumas horas de muito amor. No corpo físico de Estela, a transformação começava. A moça estava em seu dia mais fértil e o óvulo já havia sido liberado para ser fecundado.

Pelas suas trompas, corriam os espermatozoides de Heitor e foi nesse momento que Bella, telepaticamente, visualizou aquele mais apto a organizar o corpo biológico de Robério e, com o pensamento firme, o atraiu para que fecundasse o óvulo.

Com a ajuda da carga energética da benfeitora do astral, a fecundação operou-se em rápidos instantes e Dinho terminou o processo, operando a ligação definitiva do espírito de Robério ao óvulo fecundo.

Grandiosa é a vida, que sempre segue e continua em suas várias formas e estágios.

Sim, Estela estava grávida.

✳

Irada com o que escutou da ex-amiga, Sílvia jurou vingança.

Como ela poderia ter se apaixonado de verdade pelo Heitor? Não podia acreditar nas palavras da sua mais nova rival.

Achava que Estela a enganava, só para afastá-la e acumular todo o poder para ela.

Mas isso não ficaria assim.

Iria pensar em alguma coisa para destruir de uma vez aquele romance sem sentido.

Sílvia tinha o hábito de gravar propositadamente todas as suas conversas com o aparelho celular e assim, então, poderia provar a Heitor, por meio deste artifício, que a ex-amiga só queria o seu cargo e a sua posição na empresa. E quando ele soubesse da verdade despediria Estela e a chamaria para ficar em seu lugar. Seria muito fácil.

Envolvida por Flávio, que se unira à sua vítima como um imã, Sílvia não se cansava de arquitetar planos sórdidos contra a recém-inimiga.

Na manhã seguinte, Sílvia se dirigiu à empresa certa de que colocaria em prática toda a sua trama maquiavélica.

Infelizmente ainda somos criaturas passíveis de nos perder em troca de ganâncias e tiranias, tudo para obter vantagens materiais repletas de ilusão e decepções.

Se tivéssemos consciência de que somos herdeiros de nossas próprias ações e que colhemos apenas o que plantamos, talvez fôssemos mais prudentes em nossas escolhas e atitudes.

Sílvia era uma pessoa muito gananciosa e capaz de qualquer coisa em troca de uma vida fútil e luxuosa.

Era diferente da ex-amiga que, apesar de também ter sonhos ambiciosos, era detentora de um bom caráter e sempre trabalhou com afinco para conquistar o posto que desejava.

Ela não queria essa vida para si. Sempre muito pobre e depois que os pais faleceram, ela jurou que não passaria mais necessidades na vida.

Decidiu que se daria bem, mesmo que para isso tivesse que passar por cima de quem quer que fosse.

E agora, Estela estava em seu caminho e por isso precisava acabar com ela antes que o amor dela por Heitor colocasse todo o seu plano ambicioso a perder.

Se Estela não seduziu o rapaz por interesse, então ela o faria.

Chegando à empresa, Sílvia logo ligou na sala do mais novo diretor:

— Cristina?

A secretária, sempre solícita, atendeu ao chamado:

— Sim, em que posso ajudar?

— Preciso falar com Heitor, é particular.

— Esta semana ele não virá à empresa porque está participando de uma reunião fora. Quem está falando?

— Uma amiga. O que preciso fazer para falar com ele?

— Precisa me adiantar o assunto, por favor.

Ríspida, Sílvia respondeu:

— Ora, se é algo particular, não posso lhe adiantar nada. Por favor, pode marcar uma hora na agenda dele?

Um pouco a contragosto, a secretária, ainda gentil, consentiu:

— Está bem. Tenho uma hora livre semana que vem, na quinta-feira, às dezoito horas, pode ser?

Sílvia aquiesceu, exultante de alegria:

— Perfeito. Estarei aí.

Desligou o telefone sorrindo e Flávio, o espírito que a obsediava, também sorria, mantendo no olhar um brilho muito estranho.

✳

Era manhã de segunda-feira e o mais recente casal tomava café, ambos radiantes de felicidade.

O compromisso de Heitor era só de noite, por isso ele ficaria na companhia de Estela o resto do dia.

Na véspera, os dois trocaram juras de amor e Heitor estava pronto para dizer a amada tudo o que se passava em seu coração:

— Estela, preciso te dizer uma coisa...

— Não precisa dizer nada. Os momentos que passamos juntos já falam por si. Nunca amei tanto alguém como te amo.

O coração de Heitor estava alegre.

Por um momento, ele contemplava a sua amada e se perguntava: "De onde será que a conheço? Porque seu rosto, seu sorriso e o seu cheiro são tão familiares? Seria possível já tê-la amado antes?"

Respirou fundo, olhou fixamente nos olhos de Estela e lhe perguntou, hesitante:

— Quer se casar comigo?

Estela sorriu. E depois chorou. As lágrimas brotavam de seus olhos castanhos e escorriam pelo seu rosto alvo. Seria possível tanta felicidade?

Silenciou por alguns minutos, recobrou as forças e disse:

— Nunca pensei que um dia fosse dizer isso. Mas o que mais quero é me casar com você! Nada mais me importa, cargo, dinheiro, ambição! Você me fez descobrir o amor e quero viver com você para sempre!

Os dois então se abraçaram e ficaram assim, por longos momentos.

Estavam realmente felizes e esperançosos.

Mas a vida ainda daria algumas voltas e mudaria o destino deste casal.

CAPÍTULO VI
Premonição

HEITOR viajou a trabalho e dispensou Estela naquela semana.

Ela aproveitou os dias de folga para procurar Carol, a sua irmã iluminada, como carinhosamente passou a chamá-la.

Carol não era só a irmã de Estela. Era um anjo na Terra, encaminhada por Elias, para auxiliar não só a ela, mas a todos os membros daquela família que novamente se uniram para aparar arestas que ficaram pendentes em outras vidas pretéritas.

A jovem espiritualizada, seu pai Antonio e seu tio Lúcio eram médiuns e trabalhavam em um centro espírita, fundado por eles próprios.

Sua mãe, Laura, também trabalhava lá, mas não como médium.

Seu trabalho consistia em fazer sopas e distribuir, juntamente com pães, aos moradores de rua. Ela ainda contava com o auxílio de um grupo formado por abnegadas senhoras vizinhas ali do bairro.

Estela nunca foi muito próxima a esse trabalho da família, preferindo manter-se afastada de tudo. No seu íntimo, não acreditava muito nessa história de vidas passadas e reencarnação.

Tinha uma visão mais materialista do mundo e quase nunca teve tempo para uma reflexão mais profunda sobre a questão espiritual.

Contudo, foi no centro espírita que marcou o seu encontro com Carol, já que era dia de trabalho.

Convidada a participar do grupo de estudo, Estela surpreendeu a todos quando aceitou o convite.

Sentou-se em uma roda, juntamente com os demais trabalhadores da casa.

Antes do início das tarefas, um dos integrantes do grupo fez uma pequena prece:

"Deus nosso Pai, agradecemos mais uma vez a oportunidade de aqui estarmos colaborando com o Plano Espiritual, a fim de ajudar os irmãos mais necessitados. Humildemente pedimos a tua intercessão para que todos os companheiros que por aqui passarem possam encontrar o que vieram buscar e levar daqui energias salutares. Graças a Deus".

Finda a oração, Carol foi designada para a leitura de um trecho do livro *O Evangelho Segundo o Espiritismo*, de Allan Kardec.

Aleatoriamente, a trabalhadora leu o tema intitulado "Causas anteriores às aflições".

Após a leitura, cada um dos trabalhadores comentou a lição.

Carol era a última a se pronunciar e, auxiliada por benfeitores do Astral, iniciou a pequena palestra:

— Queridos irmãos em Cristo. Esta leitura nos traz uma grande lição que, para mim, é uma das mais importantes, porque nos elucida a respeito de nossas vidas e dos problemas que nos afligem. Todo efeito tem uma causa. E conosco, a Lei é a mesma. Os nossos problemas de hoje, se não possuem causa aparente nesta vida, certamente tem o seu motivo em vivências anteriores.

Olhando para todos com seriedade, continuou:

— Se assim não fosse, como explicar tanta desigualdade neste mundo? Pessoas que nascem saudáveis, mas outras que vêm muito doentes. Algumas possuem família abastada, outras nascem na miséria. Mutilações de toda a sorte, enquanto outros são perfeitos, durante toda a vida. Pessoas generosas que sofrem durante toda a sua existência, enquanto outras ainda egoístas parecem atrair cada vez mais a riqueza e o sucesso. Como explicar tanta desordem com os olhos limitados do mundo material? Será mesmo que tudo na vida se resume a uma questão de sorte? Poderíamos concluir que Deus, então, escolhe, dentre os filhos de sua própria criação, aqueles que teriam a ventura plena e outros que estariam fadados à desgraça? Onde estaria a Sua bondade? Que bom Pai escolhe entre os seus filhos?

Concentrada, Carol explicou com profunda clareza:

— Não há sentido, meus amigos, nessa ideia de um Pai injusto. A doutrina espírita vem esclarecer essa questão e tirar um pedaço do véu que encobre os nossos olhos tão limitados pela matéria. Somos espíritos seculares, viajores em inúmeras reencarnações, a fim de evoluirmos espiritualmente e chegarmos à condição de anjos ou espíritos perfeitos. Para tanto, é preciso que nasçamos e renasçamos quantas vezes se fizerem necessárias para que aniquilemos de vez os nossos débitos com aqueles a quem prejudicamos. Só assim nos libertaremos para a tão aguardada ascensão.

Envolvida por espíritos protetores daquela Casa, Carol foi se encaminhando para o final de sua palestra:

— Mas antes de alçarmos o voo da liberdade, ainda somos escravos de nossas ações, devendo reparar as faltas cometidas. Por isso, a nossa vida é tão cheia de provas e expiações, pois ainda estamos em uma condição espiritual muito atrasada. As nossas aflições, em sua grande maioria, não foram provocadas nesta vida, mas em vivências anteriores. E, para nos livrar de tais sofrimentos, retornamos à vida carnal com o objetivo de superar as nossas fragilidades e nos tornarmos mais fortes. Jesus nos convidou, há mais de dois mil anos, a percorrer o caminho do amor. Mas nós, criaturas ainda muito imperfeitas, escolhemos o outro, o da dor. Ambos nos levam ao Pai. Mas se hoje conhecermos um pouco mais das Leis Divinas e procurarmos colocar em prática ao menos alguns dos ensinamentos do Evangelho de Jesus, quem sabe tenhamos

Decifrando estrelas

mais condições de mudar o presente já e agora para, no futuro, termos a oportunidade de escolher o amor como meio de alcançar a nossa plenitude, sem as amarras que nos prendem ao sofrimento. É preciso tentar, é preciso lutar contra as nossas imperfeições para chegarmos ao equilíbrio interior rumo ao progresso espiritual.

Ao final da exposição de Carol, todos se emocionaram.

Não foi difícil perceber que a abnegada trabalhadora estava envolvida por uma entidade muito iluminada.

Todos permaneceram em silêncio.

Estela, um pouco surpresa, manteve-se quieta e com os olhos abertos, mas voltados para baixo, em sinal respeitoso.

Carol, que estava em transe mediúnico, a chamou:

— Estela, pode olhar para mim, por favor?

A interpelada, mesmo sem jeito, levantou os olhos e os fixou em sua irmã.

A humilde servidora do bem, que sabia que um espírito amigo desejava dar um importante recado à Estela, se fez intérprete da mensagem:

— Estela, minha querida. Há quanto tempo! Vim para dizer em breves palavras que um grande momento se aproxima em sua vida. Tens em teu ventre uma semente de luz. Mas para dar bons frutos, precisará de seu amor incondicional. Terá de lutar contra preconceitos, barreiras e frustrações. Mas tudo valerá a pena no final. Confie, minha querida. Deus não desampara ninguém. Seu filho traz consigo a chave de tua libertação. Se souber abrir a porta certa, serás livre e libertará quem te escraviza. Graças a Deus.

Estela estava perplexa. Será mesmo que havia entendido direito? Estaria grávida? Não era possível.

Como Carol poderia saber que teve algo com Heitor se foi lá para contar o fato pessoalmente?

A servidora, percebendo que a irmã estava em choque com as palavras do amigo espiritual, deu por encerrado os estudos daquela tarde e todos saíram da sala.

A sós com Estela, Carol quebrou o silêncio:

— Que prazer ter você aqui comigo, minha querida! Fiquei muito feliz por ter aceitado o convite para participar dos trabalhos.

— Carol, estou tão assustada!

— Calma, meu bem, eu sei que deve estar cheia de dúvidas, mas saiba que apenas fui um instrumento para que a mensagem dos benfeitores chegasse até você.

— Carol, mas como você pode saber?

— Saber o quê, minha irmã?

— Eu e o Heitor...

— O que tem vocês dois?

— Ficamos juntos no domingo passado. Ele dormiu comigo...

Carol estava surpresa. Agora entendia o teor da comunicação espiritual. Sua irmã estava grávida! Porém, mesmo feliz com a notícia, ela sentiu um aperto no peito, uma espécie de angústia.

Tentando se livrar dessas sensações ruins, Carol respondeu:

Decifrando estrelas

— Estela, você deve estar muito feliz, não é mesmo? Estou vendo em seus olhos.

— Muito, minha irmã. Quando cheguei aqui estava ansiosa para te contar, mas depois do que me disse...

— Tranquilize-se, minha querida. Agora me conte tudo, com detalhes...

E a jovem apaixonada, um pouco mais animada, procurou esquecer as estranhas sensações que tivera há poucos instantes e iniciou a narrativa de todo o ocorrido para a irmã, que a ouvia, atenta.

Após uma longa descrição de todos os últimos acontecimentos, Carol ficou muito feliz ao saber do pedido de casamento de Heitor.

Intimamente, a médium rogou ao plano espiritual maior para que permitisse essa abençoada união.

CAPÍTULO VII

A vingança

HEITOR, que estava em outra cidade a negócios, não controlava a ansiedade para rever a amada.

Não deixou de pensar um só segundo nos momentos de amor que protagonizou com a sua eleita.

Amava Estela com todas as suas forças. Tinha por ela um sentimento puro, verdadeiro.

Estava ansioso para marcar a data do casamento e decidido a sofrer as consequências profissionais ao assumir este romance.

Embora alegre, em seu íntimo, o jovem executivo tinha medo.

Era uma espécie de aperto no peito, um temor desconhecido que insistia em não deixar a sua alegria reinar plenamente.

Tentou esquecer essa sensação desagradável e voltou aos seus afazeres de ordem funcional.

Passaram-se alguns dias e o voo que o levaria de volta à sua cidade já tinha data e hora marcadas.

Louco de desejo, ligou para Estela para dar-lhe a boa nova:

— Querida, terminei meus compromissos e volto hoje à noite. Pensei que poderia ir direto à sua casa. Estou louco de saudades!

Apaixonada, ela não pensou duas vezes e respondeu:

— Claro, meu amor! Assim que estiver no aeroporto me avise que eu te apanho lá. Podemos jantar juntos e depois irmos para minha casa.

— Combinado, querida! Um beijo.

Estela exultava de felicidade. Não via a hora de ver o homem que a fez sonhar de um modo com o qual jamais pensou que poderia.

Mas estava intrigada com o recado que havia recebido naquele centro espírita.

Será que estaria mesmo grávida de Heitor?

Ah, mas, se fosse verdade, seria maravilhoso, porque adoraria carregar em seu ventre uma parte de seu amado.

Não demorou muito e seu telefone celular tocou novamente.

Depois de alguns instantes, ambos se reencontraram.

Aos beijos e abraços, o casal apaixonado mal sabia que Sílvia estava ansiosa para acabar com este romance.

✳

O tempo passou rápido e Sílvia estava cada vez mais decidida a colocar um ponto final naquele "namorico sem propósito", como costumava chamar.

No dia agendado, se dirigiu ao gabinete de Heitor, a fim de envenenar-lhe o coração contra Estela. Enquanto aguardava o encontro fatídico, Flávio, a entidade sombria que a perseguia, também estava ávido para ver o desfecho deste encontro tão esperado.

Na hora combinada e sem que Estela percebesse, pois estava em uma reunião de negócios longe dali, Sílvia foi chamada para adentrar ao gabinete de Heitor.

Com um semblante um pouco pálido e o coração amedrontado, a garota se aproximou do rapaz que, sempre cordial, lhe estendeu a mão e iniciou a palestra, imprimindo na voz certo ar desconfiado:

— Sílvia, que prazer recebê-la! Estela adoraria te ver por aqui. Em que posso ser útil?

A interpelada permaneceu em silêncio. Em poucos segundos pensava no que dizer e, ao mesmo tempo, sentia um leve arrependimento pesar em seu coração.

Antes que a funcionária pudesse ter qualquer recaída, Flávio se aproximou de sua mente e, com a força de seu sombrio pensamento, emitiu sugestões de encorajamento para a sua vítima, projetando imagens ilusórias de triunfo e satisfação.

Assim, um pouco mais encorajada pelo obsessor, Sílvia começou a destilar o seu veneno.

Com certa arrogância na voz, respondeu:

— Heitor, o motivo que me trouxe até aqui não é muito bom. Infelizmente tenho que alertá-lo sobre algo, para evitar um mal maior.

Curioso e um tanto preocupado, o executivo interrompeu a narrativa:

— Não entendo, Sílvia, seja mais clara. A que tipo de perigo se refere?

Esboçando um falso ar de preocupação, ela prosseguiu:

— Vim para falar de Estela.

Surpreso, o rapaz mudou a sua feição e, mais sério, indagou:

— O que tem ela?

A mulher estava tomada de uma alegria tórrida. Certa de que atingiria o seu objetivo, iniciou a narrativa difamadora:

— Sei que você e Estela estão namorando. Por isso, achei melhor te contar a verdade, antes que possa cometer o maior engano de sua vida.

E imprimindo mais mistério, prosseguiu:

— Essa falsa te engana. Quer se casar com você apenas para que desista de seu cargo. Ela sempre almejou a sua posição. Trabalhou sem parar para ficar no lugar do Dr. Bianchi. Nunca se conformou com o fato de você ter sido o escolhido. Ela é capaz de tudo para conseguir a sua maior ambição.

As palavras de Sílvia soaram como dardos disparados nas costas de Heitor.

Sem querer acreditar naquela história, o diretor, já bastante nervoso, pela primeira vez demonstrou contrariedade e, com o tom de voz alterado, indagou:

— E com base em que devo acreditar em você, que se mostra uma pessoa vil, capaz de falar mal daquela que diz ser amiga?

Já preparada para esta pergunta, a rival de Estela tirou do bolso seu aparelho celular e colocou no modo "viva voz" a conversa gravada que tivera com a ex-amiga, meses atrás.

Heitor ouvia tudo indignado e sua feição sempre alegre se transformou rapidamente para uma grande decepção.

Nesse momento, sem avisar, Estela adentrou a sala do seu amado e, ao se deparar com a expressão consternada de ambos, questionou, surpresa:

— O que está acontecendo aqui?

Sílvia, no mesmo instante, levantou-se e saiu do recinto sem nada dizer, deixando os dois jovens a sós.

Heitor chorava copiosamente e Estela nada entendia.

Após alguns instantes, o rapaz pegou o celular que Sílvia, propositalmente, acabou esquecendo e, sem pronunciar uma palavra, mostrou a gravação da conversa à Estela.

Ela não acreditava no que acabara de acontecer e suas lágrimas brotaram sem que pudesse controlar.

Ambos apenas se entreolharam e, mesmo sem nenhuma palavra, entenderam o que se passava no coração de um e de outro.

Seria o fim da confiança e do amor que os unia? Como explicar o inexplicável?

Estela sabia que de nada adiantaria dizer que o seu amor era mesmo verdadeiro.

As palavras quando ditas são como flechas atiradas, sem possibilidade de retorno.

Destruída, a executiva lançou um último olhar de súplica para Heitor que, magoado, desviou os olhos e, com um gesto frígido, apontou para a porta de saída.

A jovem entendeu o recado e se retirou da sala, deixando o amado entregue às próprias conclusões.

Já Sílvia exultava de felicidade porque havia alcançado o primeiro passo para concluir o seu objetivo.

Apesar do contentamento, temia por Estela, que certamente não tardaria em procurá-la para tirar satisfações.

E não deu outra.

Após sair da sala de Heitor, a amiga traída desceu as escadas rapidamente e com muita raiva, foi até a mesa de trabalho de Sílvia.

Sem se controlar, aproximou-se da mais nova inimiga e, exibindo muito ódio no olhar, perguntou, decepcionada:

— Por que fez isso comigo? O que eu fiz para você?

Sílvia, muito esperta, procurou manter a serenidade para aproveitar ao máximo o descontrole emocional da amiga e, ironicamente, respondeu:

— Ora, amiga querida, que mal tem em contar a verdade ao nosso mais novo diretor? Sou empregada fiel desta empresa e, acima de qualquer coisa, zelo por meu emprego. O que fez com o nosso amável Heitor não se faz com ninguém! Enganá-lo apenas para roubar-lhe o posto de trabalho é algo muito grave, passível até de demissão por justa causa...

Antes que a ex-amiga terminasse a fala cínica, Estela procurou forças para manter a calma.

Ela não era tão ingênua a ponto de não perceber a real intenção de Sílvia, que era lhe tirar do sério a ponto de provocar a sua saída da instituição.

E, mais do que nunca, ela precisaria manter o seu trabalho a fim de tentar uma reaproximação com o amor de sua vida.

Respirou fundo e parou de falar, para surpresa de sua rival, que esperava uma explosão de sua parte.

Estela, ainda com muita raiva, fitou a ex-colega por uma última vez, antes de pegar as suas coisas e ir embora daquele lugar.

Precisava de um tempo sozinha para refletir na melhor maneira de desfazer esse mal-entendido.

✳

Heitor estava muito magoado e decidiu cancelar os compromissos de sua agenda para ir embora mais cedo.

Com os pensamentos desequilibrados pelos recentes acontecimentos, só lembrava da conversa que ouvira naqueles instantes e se perguntava até aonde alguém iria por uma ambição.

Será que Estela seria mesmo capaz de fingir um amor apenas para ganhar o seu cargo?

Um turbilhão de sentimentos e pensamentos desconexos tomavam conta de sua mente e de seu coração.

Invigilante pela vulnerabilidade provocada pela recente desilusão, o executivo não percebeu a aproximação de Flávio, a entidade obsessora de Estela, que nunca desperdiçava nenhuma oportunidade de influenciar as pessoas que faziam parte de seu círculo social.

Com o envolvimento espiritual, Heitor começou a sentir-se mal, como se uma sombra muito espessa pesasse sobre os seus ombros.

Queria chorar, gritar e sua decepção foi tomando uma conotação mais severa a ponto de começar a sentir muita raiva daquela mulher que julgava amar.

Mas o espírito infeliz ignorava que Heitor, por ser um homem muito íntegro e elevado moralmente, mantinha ao seu lado a presença constante de seu protetor espiritual, cuja finalidade precípua era garantir ao seu tutelado que nenhuma má influência dominasse o seu íntimo e o desviasse da retidão de seus caminhos.

Todos os encarnados têm consigo seres espirituais especialmente designados para caminharem com eles por toda a reencarnação.

São espíritos comuns, geralmente mais elevados do que aqueles que tutelam, que aceitam de bom grado o encargo de acompanhá-los durante mais uma viagem carnal.

Podem ser membros de uma família consanguínea que viveram juntos no plano material, amigos espirituais, amores de outras vidas, enfim, são almas simpáticas que se unem para comungar uma mesma experiência evolutiva, ainda que em diferentes dimensões.

Quando nos dedicamos à saúde de nossa mente, por meio da constante oração e da prática da caridade, purificamos a nossa alma e facilitamos o acesso destas iluminadas entidades junto de nós, através de inspirações positivas e sentimentos nobres.

De outra sorte, quando mantemos em nosso comportamento a queixa diária, o azedume no humor, a antipatia para com os nossos semelhantes, bloqueamos a influência positiva de nossos amigos benfeitores e atraímos a presença de irmãos menos felizes que vibram no mesmo padrão que o nosso.

Heitor era uma pessoa de muito boa índole e simpatizava com a doutrina espírita.

Vez ou outra ele frequentava um centro que pertencia à uma família muito caridosa.

Assistia às palestras com muito interesse e havia inclusive pensado em começar a estudar mais profundamente o tema, junto com o grupo de jovens que ali frequentava.

Seu pai era muito amigo de Antonio, um dos fundadores da casa espiritual. Ele era um homem muito simples, que curava os enfermos por meio de cirurgias espirituais.

Flávio, que não havia reparado que Heitor estava acompanhado, permanecia a seu lado, tentando insuflar a sua mente com pensamentos perniciosos e ruins.

Daniel, o companheiro benfeitor de Heitor, há muito já havia percebido as investidas da entidade desorientada, mas aguardava o momento certo para que o irmão menos feliz pudesse enxergar a sua presença.

A criatura estava ficando irritada porque Heitor não cedia mais às suas influências sombrias e resolveu atacá-lo com a emissão de vibrações fortes de raiva. Como os nossos pensamentos também são materiais, os sentimentos do obsessor, que estavam carregados de maldade, tomaram a forma concreta de projéteis, semelhantes às balas de revólver do plano material e partiram de sua mente envenenada na direção certeira do coração de sua vítima.

Percebendo que a situação ficou perigosa, Daniel resolveu aparecer e se colocou à frente de seu tutelado.

Surpreso com a aparição repentina do benfeitor, Flávio esbravejou:

— Saia daí, rapaz, meu lance é com o cara encarnado e não com você!

De semblante calmo e manso, o protetor de Heitor nada falou, apenas emitiu vibrações de amor em benefício de Flávio, que começou a se perturbar com aquele sentimento puro e amoroso.

O choque vibratório foi tão forte que o algoz foi derrubado ao chão.

Daniel permanecia sorrindo e com os olhos cerrados, entregue à oração sincera.

Flávio não resistiu àquela energia e logo se afastou.

Heitor, que nada podia enxergar, apenas sentiu como se um grande peso tivesse sido rapidamente retirado de si e Daniel, em silêncio, aplicou-lhe passes revigorantes,

Decifrando estrelas

devolvendo ao seu protegido a serenidade roubada pela entidade sombria.

Intimamente, seu protetor estava apreensivo.

Sabia que o amigo ainda passaria por graves provas em sua vida, em nome de um amor verdadeiro.

Capítulo VIII

O dia seguinte

ESTELA mal dormira a noite passada. Não conseguia esquecer o rosto pálido de seu amado e os olhos de decepção que ele guardava em seu semblante.

Como poderia não ter percebido que Sílvia gravou aquela conversa? Por que a pessoa que se dizia sua amiga foi a primeira a lhe prejudicar?

Precisava esclarecer a verdade a Heitor.

Ele era um bom homem e iria acreditar em seu amor verdadeiro. Certamente a perdoaria.

Em vão tentou ligar para o seu celular.

O procurou na empresa, mas foi informada de que ele havia cancelado todos os compromissos da semana e não informou onde poderia ser encontrado.

Estela estava desesperada e aflita. O que poderia fazer agora?

Precisava de uma luz, de um conselho.

Lembrou-se de Carol. Sim, ela certamente saberia dizer qual seria a atitude mais sensata a se tomar neste caso.

Rapidamente, pegou o seu carro e foi até a casa de seus pais, mas se recordou de que era dia de trabalho na casa espírita e, sem perder tempo, resolveu ir até lá.

Heitor, sugestionado por Daniel, pensou que seria muito bom escutar uma palavra de conforto, já que se sentia tão perdido.

Imbuído por essa vontade, resolveu partir em direção ao centro espírita de Antonio, que era conhecido como Cantinho da Caridade.

Carol, que era uma das coordenadoras dos trabalhos, estava organizando o tema de estudo que seria desenvolvido naquele dia pelos alunos.

Muito inspirada pela Espiritualidade Maior, abriu um livro de mensagens, cujo teor era sobre o perdão das ofensas, e pensou: "Nossa, que bela lição".

Estela chegou neste momento e, com lágrimas nos olhos, adentrou à sala de estudos e logo abraçou a irmã, que percebeu que havia algo muito estranho com ela.

Afagou os cabelos da jovem em seus braços e nada lhe perguntou.

Entretanto, manteve-se em prece rogando aos céus o auxílio necessário.

Estela, um pouco mais calma pelas vibrações de paz advindas daquele local, recuperou as forças e, quase suplicante, disse à irmã:

— Carol, meu mundo desabou ontem. Meu coração está em frangalhos. Não sei o que fazer. Preciso muito de sua ajuda.

A benfeitora a contemplava serenamente. Escutava as suas rogativas, mas não se abalava com elas. Sabia que a ajuda não tardaria e, muito convicta, fez um convite fraterno:

— Estela, gostaria de permanecer nos trabalhos de hoje? Seja lá o que for que tenha acontecido, a lição deste dia lhe trará o conforto necessário, pode acreditar! Depois que encerrarmos os estudos, vamos para casa e conversamos melhor, o que acha?

— Tudo bem, minha irmã. Não tenho nada para fazer mesmo. Espero os trabalhos acabarem.

Do lado de fora da sala, estava Antonio, o pai das meninas. Ele era portador de faculdades de cura e muitas pessoas o procuravam pelos seus dons.

Simples e humilde, o anfitrião da casa trabalhava junto com o irmão, Lúcio, que era portador de clarividência.

Enquanto um enxergava o problema de saúde que afligia o indivíduo, o outro direcionava a sua energia curativa para o diagnóstico a fim de curar a doença ou, na impossibilidade, ao menos garantir uma melhor qualidade de vida ao enfermo.

Heitor acabara de chegar à casa espírita e logo perguntou por Antonio, que já estava saindo da sala de preparação para o início do atendimento.

Surpreso, o fundador do Cantinho da Caridade recebeu Heitor com um largo sorriso e um sincero abraço de boas-vindas.

Tão logo acabaram os cumprimentos, Antonio lhe disse:

— Querido menino Heitor, a que devo a honra de sua visita ao nosso cantinho? Há tanto tempo não vem nos ver!

O interpelado abaixou os olhos e Antonio logo percebeu que o amigo ali se encontrava a convite da dor. Um brilho triste no olhar daquele rapaz denunciava a sua desolação.

O anfitrião, ao perceber a apatia do jovem, esboçou um terno sorriso e, imprimindo um tom encorajador em suas palavras, asseverou:

— Companheiro de jornada, não se desespere frente às dificuldades da vida. Somos almas endividadas, mas nunca deixaremos de ser filhos de um Deus de amor e generosidade. Temos um grande Pai que educa, mas principalmente, que nos ama acima de tudo e zela pela nossa felicidade. Seja lá o que for que te trouxe até aqui, saiba que desde o momento em que chegou você foi amparado pelos espíritos amigos que trabalham conosco e abraçado com muitas vibrações de paz e de bem.

E, gentilmente, convidou:

— Fique para a palestra desta tarde. Você se sentirá mais leve e esquecerá um pouco os motivos que o trouxeram à esta singela casa.

As palavras fraternas do trabalhador do centro caíram como um bálsamo no coração de Heitor, que agora se sentia um pouco mais sereno.

Achou melhor seguir o conselho do humilde médium e decidiu ali permanecer até o final da explanação do palestrante.

Respirou fundo, ergueu os olhos e, demonstrando agora uma certa confiança, voltou o olhar para o fundador daquela casa de paz e respondeu:

— Senhor Antonio, agradeço pela costumeira cordialidade. Ficarei sim, creio que a lição de hoje me fará muito bem.

Alegre, o bom homem olhou no relógio e constatou que estava em cima da hora para iniciar o trabalho de cura e, sem mais delongas, despediu-se do rapaz que ali permanecera refletindo sobre os últimos acontecimentos de sua vida.

Do outro lado do mesmo centro, na sala de estudos, Carol se preparava para a prece de início dos trabalhos e, minutos antes de iniciá-la, foi surpreendida por sua mãe que, aflita, lhe trouxe um recado e uma missão:

— Filha querida, acabamos de receber um telefonema do Senhor João, o palestrante de hoje, avisando que infelizmente um acidente ocorreu na rodovia e o trânsito parou por completo, sem previsão de chegada. Considerando que faltam apenas dez minutos para o início de nossa reunião pública, pensei que você pudesse palestrar hoje.

Carol, que já estava acostumada a falar em público, ficou feliz em poder servir de instrumento para tantos corações que ali estavam a fim de encontrar ao menos um consolo para as suas aflições e, sem titubear, aquiesceu com a cabeça, fazendo apenas uma ponderação:

— Mamãe, é sempre uma honra poder contribuir com o trabalho a serviço de Jesus. Peço apenas que me deixe falar do tema que estudaríamos hoje, que é o perdão das ofensas.

— Claro, minha querida! Aproveite e convide os demais do grupo a tomarem seus assentos, inclusive Estela!

A executiva volveu o olhar à sua mãe e, com um leve sorriso, concordou em aguardar até o final dos trabalhos. Precisava muito conversar com Carol.

E assim, todos se dirigiram ao salão para assistir à palestra e Estela, que não desejava perder a irmã de vista, decidiu procurar um lugar mais à frente da tribuna.

Qual não foi a sua surpresa quando, ao passear os olhos pelo local, avistou Heitor, que estava sentado de costas para ela.

Sentiu uma emoção e uma opressão em seu peito. Não seria possível que estivesse vendo o seu grande amor a apenas algumas fileiras à frente da sua.

"Que coincidência! Não sabia que ele era espírita e muito menos que frequentava esta casa", pensou Estela, algo surpresa.

Ainda um pouco transtornada, Estela decidiu que não iria ao encontro de seu amado naquele momento e que ao final do evento decidiria se o procuraria.

Carol, após fazer uma prece íntima, dirigiu-se até a tribuna e, assumindo uma postura séria e doce ao mesmo tempo, iniciou as suas considerações sobre o tema eleito para aquela tarde:

— Queridos amigos, sejam bem-vindos! Que Deus e Jesus vos abençoem! Hoje falaremos um pouquinho sobre o perdão das ofensas. "Quem aqui nunca pecou, que atire a primeira pedra". Esta frase que ganhou o mundo foi dita por Jesus quando uma mulher, julgada como adúltera pelo seu povo, teve a sua sentença de morte decretada por meio de apedrejamento. Muito assustada, a infortunada corria pelas ruas à deriva, quando se deparou com aquele homem de semblante firme que, percebendo o seu desespero, resolveu ajudá-la. No momento em que ele foi indagado pelos perseguidores implacáveis da desafortunada acerca dos motivos que o levaram a proteger uma pecadora, Jesus sabiamente respondeu: "Se a condenam, que atire a primeira pedra aquele que não tem pecados!" Diante de tanta sabedoria contida em uma simples frase, os homens foram se retirando, um a um, até que a moça pudesse de novo seguir o seu rumo em paz, guardando em seu coração uma única advertência do Mestre: "Vá e não peques mais".

Prosseguindo na explanação, Carol continuou:

— Vejam, meus amigos, Jesus não julgou aquela mulher, não quis saber detalhes dos fatos que a levaram a uma condenação tão severa. Apenas pediu que os seus julgadores executassem a sentença, desde que também estivessem imaculados de erros. E ninguém se atreveu a atirar as pedras. Sabem por quê? Pelo simples fato de que toda a humanidade desta Terra, com exceção apenas de Jesus, já cometeu graves equívocos. O irmão que nos ofende hoje, que tropeça em nosso caminho e se esbarra conosco, pode ser nosso próprio espelho do passado, daquilo que fizemos de ruim para alguém. E se já superamos uma determinada etapa na evolução, que garantias temos que não vamos mais ter quedas futuras? Somos uma grande família que habita um mesmo mundo, temos alguns irmãos de caminhada mais ou menos adiantados, todavia, não podemos olvidar que estamos aqui com uma única finalidade: obter o progresso para alcançar a perfeição.

Enfática, a palestrante explicava para a atenta plateia:

— Quanto tempo levaremos para chegar lá dependerá exclusivamente de nós. E garanto que damos um grande passo à frente nesta caminhada quando perdoamos as ofensas. Isso porque, entender o outro em suas limitações e dificuldades, é um ato de grandeza e de amor. Se não perdoamos, nos prendemos ao nosso algoz e aos tristes fatos que ele nos provocou e, consequentemente, permanecemos estagnados na seara evolutiva. Engana-se quem acha que o perdão é um ato que beneficia o outro. Na verdade, os maiores beneficiados por ele somos nós mesmos. Aceitar que o próximo é tão imperfeito quanto nós é demonstrar um sinal de humildade. Ainda somos seres passíveis de cometer erros e de lesar alguém e, por isso, precisamos da indulgência dos outros para os nossos equívocos.

E finalizou:

— Sejamos indulgentes! E ser indulgente é esquecer as ofensas. Sabemos que não é fácil perdoar. Mas tenhamos a certeza de que somos centelhas divinas e que, em cada coração criado por Deus, há sim um grão de amor infinito, que germinará de acordo com os atos de cada um. Meus amigos, o convite de hoje é para refletirmos na sabedoria de praticar o perdão em nosso dia a dia. Que Jesus, a criatura mais indulgente de todas que por aqui passou, porquanto em seu pior momento de dor e sofrimento foi capaz de pedir ao Pai que perdoasse esta humanidade que o colocou cruelmente em uma cruz, seja a nossa inspiração para uma mudança de atitudes a partir de agora. Que assim seja, graças a Deus!

Emocionada, Carol contemplava o rosto das pessoas que a ouviam e sorriu. Estava certa de que com o auxílio do Plano Maior obteve a inspiração para a palestra daquela tarde.

Um pouco distante da tribuna, Heitor estava mais calmo. Lembrou-se de Estela e uma alegria lhe assaltou o coração.

A amava verdadeiramente e sabia que não conseguiria permanecer muito tempo magoado.

Seja lá o que fosse que a motivou a arquitetar um plano tão absurdo, tinha esperança de que ela poderia mesmo estar dizendo a verdade sobre o seu amor.

Enquanto o jovem executivo divagava a sua mente em conjecturas, Estela o observava, ainda sem saber exatamente o que faria.

Antes que pudesse pensar, Carol surgiu e, fixando a interpelada sob um olhar sério, propôs:

— Estela, estou pronta agora. Quer conversar?

A irmã de Carol viu a grande oportunidade que buscava de tirar a sua dúvida, antes que fosse tarde:

— Carol, ele está aqui. Nós brigamos feio e agora o vi na palestra! Será que vou até ele? Me ajuda!

— Estela, você deve fazer o que seu coração mandar. E pelo que dizem os seus olhos, vejo que é melhor ir logo, minha irmã. Uma outra hora conversamos, agora corra antes que ele se vá.

E ela o fez. Seguiu em disparada pelo salão e, avistando o amado já na porta de saída, gritou:

— Heitor!

O rapaz, um pouco apreensivo, olhou para trás e procurou a dona daquela voz, mesmo que intimamente já desconfiasse de quem fosse.

Olhou ao redor e imediatamente seus olhos se encontraram com os de Estela.

Por um momento, parecia que as outras pessoas, as vozes, aquele lugar, tudo havia parado no tempo. Ele escutava apenas a voz de sua amada, que continuava clamando por seu nome.

Inebriado de saudades e de amor, ele correu ao encontro de Estela que, muito alegre, o envolveu em seus braços abertos, ansiosa por aquela reconciliação.

Passada a emoção, Heitor fitou a amada e, um pouco mais sério, indagou:

— Por que fez aquilo comigo? Era verdade o que Sílvia disse, você só queria o meu cargo? Será que devo acreditar em seu amor?

Estela, num gesto quase impensado, tomou a mão de seu amado nas suas e a levou em direção ao seu ventre.

Heitor, que não entendia direito o que ela queria lhe dizer, mas já desconfiado, enxugou o suor que escorria de sua face e, quase incrédulo, murmurou:

— O que isso significa? Estela, você?

— Sim, meu amor, vamos ter um filho! Isso responde às suas perguntas? Acha mesmo que a semente que plantou em meu ventre é de mentira? Saiba que te amo muito e estou muito feliz por esperar um filho seu!

Heitor, que não acreditava no que acabara de ouvir, deixou que as lágrimas banhassem o seu rosto.

Agora não havia mais dúvidas para aquele bom rapaz, que sentia, definitivamente, que estava vivendo um dos momentos mais felizes de sua vida.

Capítulo IX

Obsessão

HEITOR não conseguia conter a alegria de saber que seria pai. Sempre desejou ter uma família, mas nunca imaginou que seria tão feliz.

Estela também estava bem emocionada. Ainda não tinha feito o teste de gravidez, mas já não havia mais dúvidas. Sentia que seria mãe em breve. Precisava contar a novidade à sua família, que certamente se alegraria muito com a notícia.

O casal, após deixar passar o turbilhão de emoções que os envolveu em tão curto espaço de tempo, decidiu ir até um restaurante próximo para conversarem sobre os últimos acontecimentos.

Chegando ao local, após puxar a cadeira e convidar a sua companheira para se sentar, Heitor foi direto ao ponto:

— Estela, como pode ser? Você grávida? Meu Deus, é um sonho?

A jovem estava exultante de alegria.

— Querido, esqueça tudo o que Sílvia lhe falou. Agora sei que o que essa mulher falsa mais desejou era o meu lugar. Eu não vou mentir que no início fiquei muito brava com o Dr. Bianchi quando ele anunciou que você seria o escolhido para sucedê-lo e realmente pensei em acabar com aquele que seria o meu inimigo. Mas, assim que meus olhos se cruzaram com os seus, senti algo muito diferente. Um calor, uma emoção forte me dominou e então percebi que seria inútil tentar prejudicar alguém por quem eu estava apaixonada.

E completou cheia de amor:

— Se o destino quis me pregar uma peça, ele conseguiu. Hoje, já não desejo mais ter um cargo, uma posição de destaque. Tudo o que eu mais quero é você ao meu lado.

O rapaz, após ouvir as declarações sinceras de sua amada, tomou uma decisão: assumiria de uma vez por todas o seu romance, com o anúncio formal de seu casamento com Estela perante todos da empresa.

Após concluir os seus pensamentos, levantou-se da cadeira e se dirigiu ao encontro da moça.

Devagar, e com muito carinho, ele acariciou o rosto da futura mãe de seu filho e perguntou novamente:

— Estela, quer se casar comigo?

A executiva não conseguiu responder.

Tomada de uma grande emoção, tinha o rosto banhado de lágrimas de alegria. Apenas acenou com a cabeça afirmativamente e se jogou nos braços do amado. Ambos permaneceram por bons minutos enlaçados, em silêncio, ouvindo apenas o barulho dos batimentos de seus corações.

*

O casal apaixonado decidiu que o comunicado sobre o casamento seria feito na semana seguinte, quando então retornariam ao trabalho.

Eles concordaram que era melhor manter o sigilo sobre a gravidez até que a cerimônia se realizasse, para evitar maiores comentários.

No entanto, o que ignoravam é que um estranho estava ciente de tudo o que se passava: o espírito Flávio.

A entidade obsessora ficou furiosa com a reconciliação do casal e decidiu que o melhor seria separá-los pela eternidade.

Consumido pelo ódio e mágoa que sentia de sua ex-amada, o algoz de Estela não perdeu tempo.

Precisava arrumar uma maneira de fazer com que Sílvia descobrisse tudo e fizesse o serviço "sujo".

Daniel, o protetor de Heitor, ao pressentir que o pior estava por acontecer, intercedeu junto à Espiritualidade Maior e marcou uma audiência de urgência com Paulo, o espírito responsável por analisar os méritos dos encarnados assistidos.

Apreensivo, o tutor de Heitor foi direto ao ponto:

— Paulo, sei que o acaso não existe e que foi o próprio Heitor quem pediu esta prova, mas temo por sua escolha precipitada e por isso peço, com toda a humildade, que o Pai interceda por ele, pois eis que o momento crucial de sua existência está cada vez mais próximo.

O espírito mentor, que ouviu o clamor de seu grande amigo com muito respeito, cerrou os olhos e se concentrou. Sua rogativa sincera ao Alto lhe trouxe as respostas tão esperadas por Daniel:

— Meu querido irmão, sei o que sente. Já estive em seu lugar e, quando estamos juntos de um grande companheiro de caminhada, não desejamos que nada de mal lhe estrague a experiência na carne, posto que a oportunidade da vida material é extremamente valiosa para o progresso espiritual.

— Mas como sabe – prosseguiu o mentor —, a grande maioria dos espíritos que aspiram uma nova experiência possuem uma certa flexibilidade na escolha de suas provas antes do retorno ao orbe. Os mentores que os auxiliam neste projeto para a próxima reencarnação reiteradamente os advertem sobre tais escolhas, por vezes pesadas.

— Porém – continuou —, eles têm ciência de que a palavra final do aspirante a uma nova vida, em regra, não deve deixar de ser considerada. E com Heitor não foi diferente. Ele e Estela são espíritos simpáticos, que há muitos séculos aguardam para vivenciar um amor que, por circunstâncias diversas, sempre foi motivo de lágrimas e desencontros. Não raras vezes, desviamos o nosso

Decifrando estrelas

caminho reto em busca de atalhos que nos atrasam ainda mais a evolução e, assim, acabamos nos distanciando vibratoriamente daqueles que mais desejamos ao nosso lado.

Após breve pausa, Paulo explicou:

— Estela, em sua última existência, cometeu muito mais erros do que acertos e agravou os seus débitos. Seduziu muitos homens, entre eles Robério e Flávio que, pelo ódio acumulado, tornaram-se seus inimigos imortais. Fez isso somente porque tinha poder e pretendia obter favores de toda a sorte. Por isso, não se fez merecedora de mais nada, somente da proteção familiar e espiritual que conquistou pelos poucos méritos obtidos quando esteve na erraticidade. Veja que em vão enviamos bons espíritos para alertá-la sobre os reais valores da vida, mas ela não os escutou. E se não fosse o seu amor por Heitor ter vindo novamente à tona, ela teria afundado no mar da ambição, que é a sua maior fraqueza. Agora, carrega em seu ventre aquele que seduziu em uma vida pretérita e se deixou levar por uma paixão enciumada e doente, que precisará ser sublimada para libertar essas duas almas.

— Entre os dois – esclareceu com tranquilidade — se colocou o nosso querido Heitor que, por liberalidade e amor a Estela, se prontificou a ser o pai do homem louco e apaixonado de outrora, que agora recebe como um filho. E fez isso para que a jovem pudesse, finalmente, se redimir e viver com ele um amor futuro livre de máculas e rancores do passado. O seu tutelado escolheu ainda desencarnar precocemente, no auge do relacionamento com a amada, para então poder ajudá-la deste outro lado, pois a nossa visão aqui é muito mais ampla do que quando estamos na carne, o que facilita o auxílio aos nossos entes queridos. Isso quando, é claro, somos equilibrados em nossos pensamentos e sentimentos. Essa difícil decisão foi acatada pelos mentores espirituais superiores, já que Heitor, além se ser um espírito de grande envergadura, tem muitos méritos acumulados. Meu caro Daniel, quem somos nós para interferir em algo tão sério? Será que se evitarmos a desencarnação de Heitor faremos bem aos dois?

E, finalizando, Paulo arrematou com bom ânimo e esperança:

— É preciso confiar em Deus, meu companheiro! E acima de tudo neste casal que está prestes a se libertar de ódios, vinganças e dissabores. Deixe que a vida siga o seu curso. Intercederemos sim, mas em preces para que Heitor e Estela possam, finalmente, se reencontrar e unirem-se pela eternidade. O que é uma vida corpórea ante a imortalidade da alma?

Paulo encerrou a narrativa e contemplou Daniel, que permanecia calado e introspectivo.

Após um curto período de silêncio, o guardião apresentou resignação diante da decisão superior e falou:

— Caro Paulo, compreendo os desígnios do Mais Alto e vou me esforçar para tornar este momento menos doloroso possível para o meu querido amigo.

— Sim, Daniel, faça isso. Não temas. O remédio amargo é sempre necessário para curar feridas e doenças graves. A dor é bênção divina e libertadora. Confie! Fique em paz.

Com essas palavras a audiência foi encerrada. Daniel tratou logo de voltar para perto de Heitor. Já não estava mais temeroso e apreensivo.

Confiava intimamente que o melhor para aquelas duas almas seria feito. Aguardaria resignado o desenrolar dos próximos acontecimentos.

Passada uma semana, Heitor já se preparava para, junto com a amada, retornar ao trabalho e anunciar o seu casamento.

Neste ínterim, Estela já havia confirmado a sua gestação por meio dos exames de praxe, deixando o casal em extrema felicidade.

Dividiram a boa notícia com a família de ambos, que também ficaram radiantes com a chegada de uma criança.

Estela, que aprontava os últimos detalhes de sua vestimenta, escutou a buzina do carro do amado e se apressou. Os dois iriam juntos para a empresa.

Enfim, chegou a hora da verdade.

Sílvia estava ansiosa pelo retorno do chefe. Desejava conquistar o seu amor, agora que tinha revelado toda a "traição" da ex-amiga.

Ao seu lado estava Flávio, que não via a hora de executar o seu terrível plano.

O grande momento chegou.

Todos os funcionários pararam quando Heitor e Estela adentraram o recinto de mãos dadas.

Cris, a secretária dele, era a única pessoa que realmente estava feliz com a união do casal.

O restante dos funcionários apenas observava e nada falava.

Para dissipar o clima tenso, Heitor reuniu todos e foi logo dizendo:

— Colaboradores, como podem ver eu e Estela, além do relacionamento profissional, temos um envolvimento pessoal. E essa união é tão intensa que decidimos nos casar!

Os comentários e cochichos foram inevitáveis.

Sílvia, que estava ruborizada de ódio, mal escondia a sua contrariedade e pensava:

"Como pode isso agora? Eu revelei tudo ao Heitor e ainda assim ele a perdoou? Mas é um tolo mesmo! Não é possível!!!"

Flávio, que aguardava a oportunidade para envenenar a mente da vítima, começou a sugerir-lhe alguns pensamentos:

— Sílvia, você foi trocada por Estela. Sua amiga é muito esperta, hein? Vai mesmo deixar barato?

A obsediada sentia como se todo o seu corpo fosse explodir de tanta raiva. Tinha que impedir esse casamento. E seria naquele dia.

Decidiu que permaneceria aparentemente fria, como se nada tivesse acontecido. Daria um jeito de distrair Estela para, então, ficar a sós com Heitor e seduzi-lo ali mesmo. Era agora ou nunca.

Flávio estava radiante. Sabia que o plano de Sílvia seria frustrado e aguardava, de camarote, o momento certo de intervir novamente.

Os funcionários, agora um pouco mais recuperados da surpresa, aplaudiram o casal, menos Sílvia, que ficou reclusa em um canto para evitar que fosse vista. Agora mais aliviados por não terem de esconder o amor entre ambos, Estela e Heitor foram trabalhar.

Sílvia, que esperou os ânimos se acalmarem, chamou Rodrigo, o *office boy*, e o encarregou de entregar à inimiga um falso bilhete, aparentemente assinado pelo ex-funcionário Dr. Bianchi, sem contar que foi a seu pedido, para fazer com que Estela saísse rapidamente da empresa.

O garoto cumpriu a ordem e adentrou à sala da executiva.

Ao abrir a carta, Estela se assustou: lá dizia que o Dr. Bianchi havia sofrido um infarto, que estava internado em um hospital distante e que desejava vê-la imediatamente, sem que contasse a ninguém.

Estela, que acabou desenvolvendo um carinho especial por este homem que tanto lhe ensinou, acreditando ser verdade o que acabara de ler, saiu apressadamente da empresa, rumo ao endereço contido no bilhete falso.

Sílvia, que observava atentamente todos os movimentos, viu quando Estela deixou a instituição.

Mais do que depressa, pegou o elevador e adentrou repentinamente à sala de Heitor, sem ser anunciada.

O executivo, que já preparava a carta de demissão da ex-amiga de sua amada, foi surpreendido por sua inusitada presença em seu gabinete.

A aparência transtornada da moça denunciava o seu completo desequilíbrio íntimo.

Assustado, o rapaz se dirigiu à mulher, de forma ríspida:

— Sílvia, é muita ousadia você vir até aqui depois de tantas mentiras que inventou a respeito de Estela. Ela era sua amiga, confiava em você! Por que fez isso com ela? Bom, seja lá o que for, não quero mais saber.

Antes que ele pudesse completar o raciocínio, Sílvia, agora completamente dominada por Flávio, começou a despir-se.

Tirava as peças de roupas apressadamente imaginando que o diretor, ao contemplar a sua nudez, não resistiria aos seus encantos de mulher.

O executivo, ainda mais estupefato com tal atitude, repetia inúmeras vezes para que ela parasse com aquilo, mas a garota, já totalmente envolvida pelo magnetismo de seu obsessor, beijou forçadamente os lábios de Heitor, que a repeliu, com nojo.

— Se você não se vestir agora e ir embora daqui, chamo a segurança! Está demitida, Sílvia!

— Só saio daqui com você ao meu lado!

— Então perca as esperanças! Tenho desprezo por alguém como você!

Sílvia gargalhava. Não tinha mais controle sobre si. Estava subjugada pelo espírito inferior. Seus gestos e palavras eram dele, e não dela. Invigilante, a funcionária se deixou levar pelos sentimentos inferiores e se transformou em fácil joguete nas mãos da entidade desorientada, que se vingava por seu intermédio e se regozijava ao mesmo tempo.

Heitor, percebendo que aquilo não era normal, decidiu chamar uma ambulância, pensando que Sílvia estivesse tendo um surto.

Mas, antes que pudesse completar a chamada, ela deu um tapa na mão do diretor que, com a força da violência, deixou cair o aparelho no chão.

Ela o olhou bem no fundo dos olhos e sentenciou:

— Vou sair sim, mas não do jeito que pretende. Saiba que homem nenhum me humilhou e me rejeitou do jeito que você fez comigo. Se não quer ser meu, não será de mais ninguém.

E rapidamente, agora parcialmente vestida, Sílvia desceu as escadas, pegou a sua bolsa e desapareceu, deixando Heitor com a sensação de que algo ruim estava muito próximo de acontecer.

Capítulo X

Um crime

ESTELA chegou ao hospital em que acreditava que o Dr. Bianchi estivesse internado. Porém, ao checar os dados na recepção, foi informada de que ninguém com aquele nome ou características físicas havia sido internado nas últimas horas.

Sem entender muito bem o que ocorreu, ligou para o ex-chefe que, surpreso, atendeu ao chamado.

Após a breve narrativa dos fatos por Estela, o antigo diretor fez a seguinte advertência:

— Acho muito esquisito que um bilhete tenha ido parar em suas mãos do modo como me contou. Algo me diz que alguém queria que você saísse da empresa rapidamente.

Estela logo deduziu que tudo isso tinha partido de Sílvia, a única pessoa que desejava vê-la pelas costas!

Após concluir o raciocínio, respondeu:

— Dr. Bianchi, como não pensei nisso antes! Tem toda razão! Fiquei com receio de ligar para alguém assim que recebi a falsa mensagem porque não sabia se a notícia era de conhecimento de sua família e quis evitar preocupá-los, mas agora tudo se esclareceu. Obrigada pelo conselho, devo voltar urgente à empresa.

— Cuidado, Estela! Mantenha-se sempre vigilante. – obtemperou o ex-diretor.

— Sim, pode deixar. Abraços.

Estela dirigia muito rápido. Queria voltar logo para ver o seu amado e saber o que havia acontecido durante a sua ausência.

✳

Sílvia, totalmente enfurecida e ferida em seu orgulho, saiu sem rumo e permanecia a esmo, perambulando pelos arredores da empresa.

Flávio, que desejava concretizar de uma vez os seus planos de frustrar a felicidade daquela que um dia arruinou a sua vida, tratou de agir rápido:

— Sílvia, você deve acabar com aquele homem! Só assim poderá fazer Estela sofrer por todo o resto de sua vida! Vamos, faça alguma coisa!

A obsedada tentava pensar em algo para acabar de vez com aquela história, mas sua mente estava tão confusa que não conseguia ter nenhuma inspiração sobre o que fazer.

Flávio, que já estava perdendo a paciência, teve uma sinistra ideia: por que não sabotar o carro de Heitor? Deixar vazar o líquido dos freios e provocar um terrível acidente? Claro, esta era a solução para todos os seus problemas. Ainda sequestraria o espírito do rival no momento de seu desencarne e o torturaria.

Pressentindo que a maior prova da existência de Heitor estava muito próxima de se concretizar, Daniel, o seu protetor espiritual, mantinha-se em oração. Confiava em Deus e em seus perfeitos desígnios. Sabia que Flávio estava muito equivocado. Ele ignorava as Leis Divinas e achava que poderia manipular o espírito de sua vítima. Entretanto, o algoz sequer desconfiava que a vibração emanada por uma pessoa tem o poder de levá-la exatamente ao local em que pensou. Logo, se os dois vibram em frequências opostas, não havia chance de Flávio se aproximar de Heitor, mesmo se ele estivesse desencarnado. Até porque o executivo era um bom homem e teria garantida a sua proteção contra qualquer entidade menos feliz, principalmente porque Daniel jamais o abandonaria.

O estado mental de Sílvia beirava a loucura. Ávida por vingança, conseguiu ouvir a sugestão de Flávio sobre a sabotagem do carro.

Mais do que depressa, e após se certificar de que ninguém a estava observando, ela pegou uma tesoura que levava em sua bolsa e, com certa dificuldade, cortou os cabos dos freios do veículo de Heitor.

Depois de concretizar o ato criminoso, ela correu muito, com medo de que alguém tivesse visto a sua atitude torpe.

Engana-se quem pensa que não é observado. Deus sempre vê as nossas ações e sabe de todos os nossos mais secretos pensamentos.

Muitas vezes escapamos da justiça dos homens, que é falível. Todavia, estaremos fadados ao resgate de toda nossa maldade perante a Divina Justiça.

Com este ato infame, Sílvia não sentenciou somente a morte de Heitor.

Mal sabia a criminosa que, com essa atitude, havia adquirido muito mais débitos e sofrimentos para si mesma.

✳

O jovem diretor procurou Estela por todos os cantos e não a encontrou.

Precisava urgente lhe advertir sobre o perigo que Sílvia oferecia e resolveu sair para procurá-la.

Estela estava quase chegando na empresa, mas, por um momento, sentiu uma angústia, um aperto no coração...

Não sabia exatamente o motivo de tanta aflição, mas pressentia que algo ruim estava muito próximo de acontecer.

Heitor pegou o seu carro a fim de procurar por sua amada.

Sem perceber, Daniel estava ali, sentado no banco do passageiro.

Junto com ele estava Paulo, que voluntariamente se prontificou a auxiliar no momento do rompimento dos laços fluídicos que unem o espírito ao corpo de carne.

Ambos estavam sérios e permaneciam em oração.

O novo diretor ligou o veículo e saiu dirigindo.

Após alguns minutos, pôde avistar o carro de Estela, que estava vindo em sentido inverso ao seu, quase chegando à empresa.

Feliz, o belo executivo quis parar o automóvel, mas não conseguiu frear.

Sem controle da direção, bateu com força em um poste e caiu sobre o volante, desacordado.

Estela viu o acidente e se desesperou.

Ligou para a empresa e pediu que Cris chamasse uma ambulância, urgente!

Ela desceu do seu carro e correu até o local do acidente.

Mesmo sozinha, ela conseguiu, com muita dificuldade, abrir a porta do veículo de Heitor, que estava emperrada.

Encontrou o amado muito ferido. Ao sentir a sua presença, ele abriu os olhos.

Em lágrimas, ela então lhe disse:

— Pelo amor de Deus, fique firme! Estou aqui, logo você irá ao hospital e ficará bem!

Ele contemplou o rosto de sua amada por uma última vez neste plano.

Sem forças devido ao grave choque da pancada em sua cabeça, apenas murmurou baixinho:

— Amo você e não te deixarei nunca. Cuidado com Sílvia... Cuide de nosso bebê...

Sem mais forças, o amado de Estela caiu no sono da imortalidade.

✳

A executiva ficou estarrecida quando os médicos confirmaram a morte do único homem que amou.

Sentia como se uma faca tivesse atravessado o seu peito, de tanta dor.

Todos os seus sonhos de um casamento feliz foram interrompidos em fração de segundos.

Revoltou-se contra Deus.

"Por que comigo?", pensava. "Primeiro, me tirou o cargo que tanto lutei; e agora me tira o único homem que amei nesta vida e que me deixou um filho!"

Ela não se conformava com os reveses que lhe sucederam nos últimos meses.

Se recordou das últimas palavras do amado quando disse: "Cuidado com Sílvia".

O que será que ele quis dizer com isso?

Sabia que a rival era invejosa, mas até que ponto ela teria chegado para que Heitor tivesse forças para adverti-la no momento derradeiro?

Não tinha as respostas para tantas indagações.

✳

Após a cerimônia fúnebre, Carol convidou Estela para passar uns dias na casa de sua família.

Grata pelo convite, a irmã mais velha resolveu se render ao carinho de todos os seus entes queridos.

Antonio, o pai das meninas, também estava muito triste com a morte precoce do seu futuro genro, filho de seu grande amigo. Conhecera o pai de Heitor, Senhor Luis, desde quando eram jovens.

Ficaram amigos na infância, quando ambos moravam no sertão, e se distanciaram quando Antonio se mudou com o irmão para a cidade grande, logo após o falecimento dos pais.

Depois de alguns anos, soube que o amigo e a família também haviam se mudado para a cidade, quando então foram visitá-lo em seu centro espírita recém-inaugurado.

Conhecia Heitor desde pequeno e estava feliz com a aparente coincidência que a vida tinha lhe trazido: quando poderia imaginar que a sua própria filha se apaixonaria pelo filho do seu grande amigo e que ele seria o pai de seu primeiro neto?

Mas quem diria que tudo isso acabaria desse modo tão inesperado?

Embora estivesse entristecido, guardava a certeza de que o rapaz fora bem recebido nas esferas espirituais e por ele fazia uma prece, todos os dias.

Em outro cômodo da casa, Carol tentava consolar a irmã, que se mostrava cada vez mais revoltada:

— Você não pode reagir assim, Estela. Tem que ir em frente. Sei que é difícil, mas você agora não está sozinha.

Tem o fruto de seu amor se desenvolvendo rapidamente em seu ventre e precisa se dedicar a ele agora. Não se revolte contra Deus. Nada que nos aflige acontece sem nenhuma razão. Você sabe disso, minha irmã. É preciso manter a fé e a ajuda virá. Deus não é culpado pelos nossos erros.

— Fácil falar quando não é com a gente – replicou Estela –, a teoria é sempre muito bonita, mas a prática é bem diferente.

— Entendo as suas razões em se manter nesta amargura, está tudo muito recente ainda – ponderou Carol –, mas não fique nesta energia por muito tempo. Você é tão forte, minha irmã! É a hora de mostrar a que veio!

Estela não conseguia mais pensar. Lágrimas lavavam o seu rosto pálido e amargurado.

A irmã apenas a observava e, compadecida, a envolveu em seus braços, até que ela finalmente conseguisse adormecer.

✳

Alguns meses se passaram e a vida seguiu o seu curso. Outro dia de trabalho no Cantinho da Caridade chegou.

Carol estava precisando muito de trabalhadores, principalmente para ajudá-la no preparo do material de estudo para os alunos do curso de doutrina espírita.

Estela já estava um pouco mais recuperada do golpe que sofrera e já havia inclusive voltado a trabalhar na empresa.

A bela trabalhadora do bem, muito intuitiva, pensou que a irmã pudesse ser útil nesta tarefa no centro e resolveu fazer o convite:

— Querida, preciso tanto de auxílio lá no nosso Cantinho. Será que você não poderia me ajudar? – indagou, esperançosa.

— Carol, você sabe que não acredito muito nessas coisas de espíritos, vidas passadas, né?

— Mas não estou pedindo para acreditar, só para me ajudar.

Estela pensou por instantes e respondeu:

— Nesse caso, eu aceito! Você faz tanto por mim, não me custará nada te proporcionar alguma ajuda.

Carol estava feliz! Tinha certeza de que sua irmã acabaria por se interessar pela Doutrina dos Espíritos, a grande consoladora dos corações aflitos.

Intimamente, agradecia à espiritualidade por ter iluminado a sua irmã em tão importante decisão.

✳

Os meses continuavam passando e a barriga de Estela já denunciava a sua gravidez mais avançada.

Meses após a morte de seu amado, ela foi indicada ao cargo de diretora pelos acionistas da empresa, para substitui-lo.

Ainda não se conformava com a peça que a vida havia lhe pregado.

Nunca pensou em se apaixonar, mas quando resolveu se entregar a esse sentimento, a vida roubou-lhe abruptamente o seu eleito.

Quantas voltas precisou dar para chegar ao cargo que sempre almejou, mas que agora nada representava. Somente aceitou a diretoria por insistência de sua família e gratidão ao Dr. Bianchi. Pelo menos o trabalho não a deixava divagar em pensamentos menos felizes.

Estava disposta a ter o seu filho e sua família a apoiaria em tudo que precisasse.

Mas as saudades de Heitor lhe dilaceravam a alma. "Onde ele estaria agora?", pensava.

Devido ao triste episódio que passou, Estela começou a frequentar mais o centro espírita de seus pais e, além de trabalhar, decidiu se matricular no grupo de estudos coordenado pela sua irmã.

À medida em que assistia às aulas, cada vez mais se convencia de que a existência física cessa e que a espiritual é a verdadeira vida.

Aprendeu que os sentimentos mais sinceros não acabam com a morte do corpo, mas sim, se estreitam por toda a eternidade.

Passou a levar mais a sério os ensinamentos de Jesus e acabou compreendendo a morte, as vidas sucessivas e o exemplo de vida escrito no Evangelho de Cristo.

Nas sessões mensais de psicografia, sempre nutria a esperança de que o amado lhe ditasse algumas palavras, mas em vão.

Decifrando estrelas

Via algumas mães, esposas, filhos e filhas saírem do centro emocionados com as cartas que recebiam dos entes que partiram, mas ela nunca era contemplada com tal bênção.

Era melhor se conformar e se concentrar em seu filho, que chegaria em poucos meses.

CAPÍTULO XI

No plano espiritual

O ACIDENTE de Heitor se tornou a notícia mais comentada dos últimos meses.

Os peritos acabaram descobrindo que houve uma sabotagem no veículo do rapaz, mas até aquele momento a polícia não tinha a menor ideia de quem teria sido o autor ou autora do crime.

Sílvia, por sua vez, despareceu da empresa e da cidade.

Quando soube da morte do diretor, enlouqueceu de vez e passou a andar pelas ruas, sem residência fixa, ouvindo somente a voz perturbadora de Flávio em sua mente.

Em uma outra dimensão localizada no plano espiritual, Daniel estava ansioso pelo despertar de seu tutelado.

Paulo também se encontrava no posto de socorro transitório, à espera de que o recém-desencarnado recobrasse a sua consciência.

Heitor dormia, mas tinha sonhos confusos. Lembrava-se do acidente, mas achava que eram apenas pesadelos.

— Logo acordará – disse Paulo a Daniel.

— Sim, mas pela sua elevada condição espiritual, não será difícil explicarmos a ele o seu mais novo estado – observou o guardião.

Foram subitamente interrompidos por uma pergunta:

— Onde estou? – indagou Heitor.

— Está se recuperando, meu amigo – respondeu, solícito, Daniel.

— E quem são vocês?

— Amigos que querem te ajudar – esclareceu Paulo.

— Por acaso estou em algum hospital? Lembro-me do carro, do poste, mas depois tudo fica confuso...

— Acalme-se, Heitor. Por ora, pense em poupar energias. Ainda está debilitado por ocasião do infortúnio do qual foi vítima – ponderou Daniel.

— Mas preciso saber o que houve!

— Por enquanto, deve repousar. Mais tarde nos falaremos de novo – arrematou Paulo.

Com a ajuda dos passes magnéticos de Daniel, Heitor deixou-se cair novamente em sono reparador.

Algumas horas se passaram e o recém-desencarnado, já mais refeito do acidente, estava pronto para ouvir o que Daniel e Paulo tinham a esclarecer:

— O que falaremos agora não deve ser novidade para você, porque já tinha um certo esclarecimento sobre a questão no plano terrestre – introduziu Paulo.

— Acho que já sei o que vai me dizer – replicou Heitor.

— Calma, meu companheiro. Deve ter percebido que os seus pais, a sua namorada ou os funcionários que comandava não vieram te visitar, não é mesmo?

— Sim, percebi. Desconfio do que tenha me ocorrido. Fui vítima fatal daquele acidente, não é?

— Fatal é uma palavra errada, pois fatalidades não existem. Mas devo dizer que o evento fatídico lhe trouxe de volta à verdadeira pátria: a espiritualidade – esclareceu Paulo.

O jovem desencarnado não conteve as lágrimas. Lembrou-se de toda a sua vida, dos seus pais e, claro, de Estela. Não conheceria o filhinho que tanto desejou. "Por que meus anos de um futuro venturoso me foram tão duramente roubados?", se perguntava, aflito.

Percebendo a fragilidade do tutelado, Daniel se aproximou dele e com firmeza, asseverou:

— Não lamente o que te ocorreu. Muitas vezes julgamos os acontecimentos que nos assolam apenas pelo efeito e ignoramos a sua causa. A nossa trajetória não começou agora. Somos espíritos seculares, meu amigo. Vivemos e revivemos muitas vezes e, em cada experiência, temos a missão de evoluir um pouco mais. Acertamos e erramos sucessivamente. Por isso somos reféns de nossas próprias ações. Não quero dizer com isso que algumas pessoas nascem com o destino certo de sofrerem acidentes, serem assassinadas, não é assim. O que importa esclarecer é que as nossas escolhas equivocadas pesam em nossa consciência e, não raras vezes, optamos por provas difíceis, para que possamos nos redimir de uma vez de nossos erros ou até mesmo para auxiliarmos quem tanto amamos. E este último é o seu caso, meu irmão.

Heitor fitava o interlocutor com certo alívio na alma.

Não se recordava exatamente, mas algo naquele rapaz lhe inspirava muita simpatia.

Um pouco mais calmo, o jovem pediu para ficar sozinho por alguns instantes e foi prontamente atendido pelo seu protetor.

Pensava em Estela e no seu filho. O que seria deles dali em diante sem a sua assistência? Não poderia deixá--los sozinhos na Terra.

Seria possível ao menos acompanhar-lhes os passos?

Precisava esclarecer suas dúvidas o quanto antes.

✻

Passados alguns dias, sem que os amigos que lhe receberam estivessem presentes, Heitor estava inquieto e desejava fervorosamente obter as respostas para tantas perguntas que insistiam em povoar a sua mente.

Paulo, que decidiu visitar o hóspede naquele mesmo dia, notou que ele estava muito ansioso e, após meditar no estado geral em que se encontrava o recém-desencarnado, chamou Daniel e lhe confidenciou:

— Penso que chegou o momento de responder às indagações de Heitor.

— Fico feliz que tenha me chamado para ouvir os seus esclarecimentos – disse amorosamente o tutor.

— Já está na hora de contarmos a nova missão de nosso amigo – afirmou Paulo. – Afinal de contas, o espírito dele possui um acervo grande de conhecimentos. Não será difícil fazê-lo relembrar de todos os planos que tinha para esta última reencarnação. No entanto, creio que, por ora, seja melhor não revelarmos a causa da falha do automóvel. Isso pode gerar um sentimento muito negativo em nosso irmão que poderá atrapalhá-lo em sua tarefa na Terra no que concerne ao auxílio que se comprometeu a prestar à sua família.

Daniel concordou com o amigo. Tem certas verdades que precisam do tempo certo para serem ditas.

Daniel e Paulo seguiram em direção ao quarto de Heitor, mas antes de lá adentrarem, firmaram o pensamento ao Alto e rogaram aos espíritos superiores que lhe inspirassem no momento oportuno.

Heitor estava lúcido e consciente. A sua cabeça quase não doía mais e as memórias acerca do acidente já estavam mais vívidas em sua mente.

Paulo se aproximou do convalescente e, após os cumprimentos, indagou-lhe, afetuoso:

— Heitor, como se sente? Vejo que ao menos a sua aparência melhorou muito. As escoriações e os hematomas que tinha pelo corpo praticamente desapareceram.

Feliz com a visita dos amigos tão fraternos, Heitor respondeu, com um largo sorriso:

— Sim, me sinto bem melhor mesmo. As energias salutares deste lugar me revigoraram a alma. Não fosse a saudade que sinto de minha noiva e de meus pais, arriscaria dizer que estou com uma plena sensação de bem-estar.

Mas, ao tocar na lembrança de seus entes queridos, o nobre espírito mudou o seu semblante.

Uma lágrima escorreu em sua fronte, denunciando os seus mais íntimos sentimentos. Há quanto tempo aproximadamente estaria ali? Não sabia precisar.

Respirou fundo e controlou a emoção.

Sabia que se deixasse se levar pela tristeza, só faria piorar as coisas. Tratou de se recuperar e procurou se acalmar.

Um pouco mais recomposto, olhou para o benfeitor, que pacientemente aguardava o momento certo de iniciar a conversa, e, com a serenidade que lhe era peculiar, quebrou o silêncio:

— Paulo, acho que estou pronto para ouvi-lo agora.

O instrutor estava sério e logo olhou para Daniel, como se quisesse avisar o companheiro que a hora da verdade finalmente havia chegado.

Entoando firmeza e amorosidade ao mesmo tempo, o mentor espiritual olhou nos olhos curiosos de Heitor e iniciou os esclarecimentos:

— Meu irmão de jornada, deve estranhar o que lhe ocorreu nestes últimos dias. Mas saiba que o processo pelo qual está passando hoje é tão natural quanto nascer. Isso mesmo. Você já renasceu e desencarnou inúmeras vezes, assim como toda a humanidade. A sua última experiência carnal foi relativamente breve por razões que você mesmo pediu. Nasceu em um lar simples e, com os próprios méritos, melhorou a vida dura de seus pais e se transformou em um competente executivo, diretor de uma das maiores empresas do país em que morou. Como se não bastasse, se apaixonou por uma bela funcionária que acabou engravidando de um filho seu.

Decifrando estrelas

Após breve pausa, Paulo continuou:

— Mas, em consequência de uma Lei Superior, os seus sonhos com ela foram interrompidos por um acidente, que o trouxe precocemente de volta à Pátria Espiritual. Sim, meu querido, como já sabe, você não vive mais na matéria. O seu corpo carnal pereceu quase que imediatamente naquele inevitável infortúnio com o automóvel. E por ser um espírito bom e trabalhador, foi prontamente recebido e instalado em um Posto de Socorro Transitório, localizado na Crosta Terrestre, para ser tratado e ter um rápido restabelecimento.

Paulo interrompeu sua narrativa por um curto espaço de tempo para que o seu mais novo tutelado pudesse digerir todas as importantes informações que recebia.

Heitor contemplava o benfeitor com certa surpresa, mas algo em seu íntimo confirmava que tudo o que acabara de ouvir era a própria realidade dos fatos.

Lembrou-se do derradeiro momento em que, quase perdendo a consciência, ouviu a voz de Estela e contemplou o seu rosto pela última vez.

Daniel, que sabia o que seu tutelado pensava, logo interferiu, com bondade:

— Amigo, tenha calma. Não viu sua amada pela última vez. Foi uma breve separação e logo você poderá reencontrá-la.

Heitor sorriu pela primeira vez ao ouvir aquelas palavras. Seria mesmo possível ver Estela novamente? E, quase como uma criança, questionou:

— Daniel, então poderei ver a minha amada e meu filho, mesmo estando tão longe deles?

E o protetor, que já esperava por esta indagação, esclareceu:

— Mais cedo do que pensa. Todavia, antes da data aprazada para a excursão ao orbe, é necessário que Paulo te informe sobre outras coisas que, desde já, deve estar preparado, principalmente porque a sua força será muito importante para a sua noiva.

O rapaz estremeceu. O que poderia acontecer de tão grave para Estela que já não tivesse acontecido?

Percebendo a aflição de Heitor, Paulo tomou a palavra e procurou encorajar o jovem desencarnado:

— Deve estar se sentindo perdido em meio a uma avalanche de informações, não é? Mas não temos tempo a perder e tudo o que acontecerá, daqui para frente, já teve a devida permissão do Plano Maior. Antes de reencarnar, você pediu aos espíritos superiores que, após o seu desenlace do corpo físico, pudesse retornar à Terra para auxiliar Estela na conclusão de sua maior missão, que é a maternidade. E como acumulou méritos, obteve tal autorização. No entanto, sabemos que um recém-desencarnado, por mais evoluído que seja, precisa de muita ajuda para se libertar totalmente dos fluidos materiais e, por esse motivo, não deve retornar sozinho à matéria, já que pode se tornar joguete fácil de espíritos vampirizadores de energias. Para evitar qualquer risco, eu e Daniel, o amigo que te acompanhou durante toda a existência física, vamos retornar com você e lá permaneceremos, a fim de assegurar que conclua com êxito a sua prova.

Heitor estava radiante. Sua felicidade extravasava pelo brilho de seus olhos.

E após uma nova pausa, o benfeitor prosseguiu:

— Estela, diferente de você, retornou ao plano material a fim de lapidar o espírito nas tarefas relacionadas ao amor e à família. Em uma vida pretérita, ela foi uma das princesas de um reino e se utilizou de sua nobreza para escravizar homens em troca de favores. Os deixava perdidamente apaixonados e, quando satisfeita, os abandonava à própria sorte[3]. Para completar tamanha insensatez, se apaixonou pelo noivo de sua irmã e, como não foi correspondida, resolveu tirar a própria vida. Simulou condições falsas, mas levou a cabo o crime apenas para fazer com que a sua irmã pensasse que a matou e, com tal culpa, nunca mais conseguisse ser feliz. Infelizmente assim aconteceu. Ao chegar no além, enlouqueceu cada vez mais e quando estava prestes a sucumbir de vez, foi recolhida por um nobre benfeitor que conseguiu fazê-la enxergar a crueldade de seus atos e ela então se arrependeu. Mesmo assim, não foi totalmente tocada pelo amor e reencarnou para este aprendizado.

— Dois dos homens a quem ela arruinou – prosseguiu Paulo —, Robério e Flávio, a perseguiram desde que ela retornou ao plano material, mas um deles, o Robério, teve autorização para reencarnar compulsoriamente, a fim de romper de vez os laços de ódio que o une à Estela.

---

3. Ver o livro "Nunca é tarde para recomeçar", deste mesmo autor, que narra a história pretérita de Estela, como Claudette.

Flávio, por outro lado, ainda permanece rodeando a sua "vítima" e influenciando todas as pessoas que dela se aproximam, principalmente Sílvia, que se tornou a sua mais nova obsediada.

Paulo parou de falar por um tempo e observou Heitor, que estava concentrado nas explicações que acabara de ouvir.

Agora tudo parecia fazer sentido para ele. O comportamento ríspido e ambicioso de Estela quando a conheceu e a traição de Sílvia, que ele nunca havia entendido o porquê.

Vendo que o seu tutelado estava reagindo bem à sua narrativa, retomou as considerações:

— Robério não gostou de ser retirado do plano espiritual. Ele queria permanecer livre e fazendo o que quisesse com a vida de Estela. Há muito esqueceu-se de si e vivia em função de um amor doente, o que resultou em uma estagnação evolutiva e perturbações em seu espírito. Nos raros momentos em que seu espírito recobrou a consciência durante a gravidez de sua futura mãe, ele ficou revoltado por constatar que voltaria ao plano físico como filho de vocês dois. Por mais que o espírito perca grande parte da consciência quando se inicia o processo gestacional, os seus sentimentos, sejam bons ou ruins, não se apagam, e interferem diretamente na sua futura organização biológica, podendo inclusive causar ou até agravar malformações físicas e doenças congênitas. De outro modo, os sentimentos positivos podem colaborar para a construção de uma beleza física, uma saúde mais estruturada ou até mesmo um nível mais elevado de inteligência. Desde antes de "nascermos", os nossos pensamentos e sentimentos contribuem para a formação de nossa estrutura biológica material. Veja como é importante sempre mantermos a qualidade do que pensamos e sentimos, em todos os momentos de nossa existência.

Paulo aprofundou um pouco mais a explicação:

— Por força de tais sentimentos deletérios emanados por Robério, ainda no ventre de sua futura mãe, somatizados pelo fato de ter passado uma existência inteira e muitos anos na erraticidade praticamente vivenciando a vida de uma outra pessoa, esquecendo-se de si mesmo, ele atraiu para si uma condição de limitação física e psicológica, hoje diagnosticada pelos cientistas como Transtorno do Espectro Autista ou simplesmente de Autismo. Essa síndrome reúne transtornos neurológicos e comportamentais de vários graus e espécies, onde o indivíduo, em síntese, não desenvolve todo o seu lado social, como a comunicação e a afetuosidade. Geralmente prefere a solidão, não olha nos olhos das outras pessoas, se isola e tem comportamentos estereotipados, como rodopios, enfileiramento de coisas, organização sistemática de cores, enfim, uma gama de comportamentos cujas causas ainda necessitam de muito estudo por parte dos médicos e cientistas. Robério será um menino autista e sua enfermidade terá um grau moderado. Essa nova existência, em tal condição, o convidará a reequilibrar e reorganizar o seu espírito, comungando o amor daquela que um dia o fez sofrer e, finalmente, libertar-se das amarras da mágoa e do rancor para, enfim, reencontrar-se com si mesmo, restabelecer a sua própria paz e o bôm animo a fim de prosseguir na seara de sua evolução. Para tanto, ele precisará de muito apoio familiar, principalmente de sua mãe.

E o mentor finalizou:

— É aí que você fará a diferença, Heitor! Mesmo deste lado, poderá auxiliar sua mulher e seu filho de muitas maneiras que, quando lá estivermos, vamos te ensinar. A tarefa é penosa, mas se concluída com o êxito que pretendemos, será gratificante para todos os envolvidos. Está pronto para encarar mais este desafio?

Heitor estava banhado em suor e lágrimas.

Pensava em Estela, como ela sofreria com um filho nestas condições. Será mesmo que ela conseguiria suportar?

Daniel, que outra vez percebeu os pensamentos desconfiados de seu amigo, interviu:

— Heitor, a dúvida é sinal da ausência de fé. Estela é forte e vencerá esta prova, mas, para isso, contará com o seu apoio, ainda que de forma inconsciente para ela. É preciso manter o foco e a coragem, irmão. Deus nunca nos desampara. Está pronto?

Mais confiante, ele respondeu:

— Sim, estou. Quando partimos?

— Daqui a alguns dias – respondeu Paulo – é só você se recuperar mais um pouco e viajaremos. Creio que chegaremos a tempo de você assistir ao parto.

— Meu Deus! Que grandiosa é a vida! Obrigado Senhor, por me permitir estar com quem amo, mesmo em dimensões diferentes – agradeceu, o jovem desencarnado.

Capítulo XII

A luz

— SERÁ que vou aguentar? Nunca pensei em passar por isso...

— Estela, se acalme, minha filha! Estamos aqui juntinhos de você.

— Mamãe, como dói para se ter um filho, hein?!

Laura achava graça do jeito que a filha falava.

Estela entrara em trabalho de parto naquela noite e estava com muito medo de dar à luz.

Carol permaneceu na sala de espera e orava em silêncio. Seu pai Antonio também rogava ao Alto para que tudo corresse bem com o nascimento de seu primeiro neto.

Após longas horas, um choro de criança quebrou o silêncio daquela madrugada fria de inverno.

Estela, emocionada, pegou em seu colo pela primeira vez aquele ser tão pequenino e chorou emocionada.

Sem ninguém perceber, dentro do quarto da mais recente mamãe, estavam os espíritos Dinho e Bella, responsáveis pela efetivação da reencarnação de Robério, até que ele completasse os seus sete anos de idade no corpo físico.

A jovem segurava o menininho em seus braços, enquanto pensava em um nome bem bonito para batizá-lo.

Lembrou-se de Heitor. Como ele ficaria satisfeito em ver o rostinho de seu filhinho! Uma lágrima de saudade escorreu por sua face.

Tentou dissimular a tristeza repentina e voltou a contemplar o pequenino que, depois de tanto chorar, adormeceu de cansaço.

Pensou: "Pedro! O meu filho se chamará Pedro".

Laura, Antonio e Carol estavam muito felizes! Finalmente uma criança alegraria o seio daquela família!

Estela, também cansada, adormeceu.

Foi nesse momento que o espírito Heitor, assistido por Daniel e Paulo, pôde voltar ao plano terrestre para ver a sua amada e a chegada de seu filho.

Ele chorou copiosamente quando viu os dois adormecidos naquele quarto.

O recém-desencarnado já estava devidamente esclarecido sobre a sua situação e aceitou resignado a sua nova condição. E como havia conquistado muitos méritos, teve a oportunidade de continuar a acompanhar os passos de sua noiva e ajudá-la no que fosse preciso.

Não são todos os espíritos desencarnados que conseguem tamanha dádiva.

Geralmente, no momento em que as pessoas desencarnam, elas ainda são muito apegadas às paixões do mundo e raramente conseguem influenciar os encarnados de forma salutar.

Quando permanecem no globo a esmo, passam a influenciar os seus parentes de modo pernicioso e, com isso, prejudicam ainda mais os entes queridos, mesmo sem querer, causando-lhes enfermidades como ansiedade e depressão.

Como a humanidade ainda não lida muito bem com o fenômeno natural da morte física, acaba sofrendo em demasia por aqueles que partiram, acreditando que nunca mais os encontrarão.

Com tal atitude, acorrentam em seus calcanhares os espíritos daqueles que lhe precederam, resultando em uma simbiose de energias deletérias e prejudiciais a ambos.

Se as pessoas soubessem o mal que causam ao espírito que partiu quando mantém atitudes extremas de excessivo apego, certamente deixariam de alimentar essas ações menos felizes.

Ávido por novos esclarecimentos, o noivo de Estela questionou seu protetor:

— Daniel, será que poderei falar com ela? Se dorme no plano físico, seu espírito se desprende de seu corpo e então ela poderá perceber a minha presença, não é?

— Aquiete-se, Heitor – alertou o tutor. — Nem sempre vibramos na mesma frequência. Observe que o espírito de Estela não está totalmente acessível agora.

Embora o seu corpo esteja adormecido, a sua mente não está desligada o suficiente para que ela perceba a nossa presença aqui.

— Puxa, que pena – falou o rapaz, um tanto decepcionado. — Mas não faltará oportunidade, certo?

— Sim, meu caro. Se agir como foi orientado, poderá acompanhar os passos de Estela e de seu filhinho, que precisarão muito de sua ajuda.

Estela sonhava com Heitor, embora sequer desconfiasse que ele estava ali, tão perto.

Despertou com o choro de seu filho que, pelo tom alto, denunciava estar com muita fome.

Laura ajudou a filha a amamentar Pedro pela primeira vez, mas a nova mamãe ainda estava um pouco desajeitada.

Após receber alta, Estela achou que não havia sentido em retornar para o seu apartamento e decidiu voltar a morar de vez com os pais, que sempre a receberam de braços abertos.

Ela estava se adaptando devagarzinho à sua condição de mãe e precisava contar com o amparo de sua família, sempre atenciosa.

✳

Em algum lugar, Sílvia continuava perambulando pelas ruas da cidade. Se afundou nas drogas e utilizava a prostituição para manter o vício.

Flávio, que já estava cansado de sua vítima, resolveu abandoná-la à sua própria sorte.

Queria mesmo era saber de Estela, mas não conseguia mais localizar o seu paradeiro. Sua mente estava confusa e não entendia porque não mais rastreava a vibração de sua antagonista.

Como toda a família dela mantinha o culto do Evangelho no Lar, o espírito agressor encontrava grande dificuldade em sintonizar com sua vítima, porque ela estava blindada pelas energias benfazejas da oração.

A prece sincera e a fé raciocinada são eficazes antídotos contra qualquer espécie de energia venenosa.

Quando confiamos e oramos ao Mais Alto, invocamos fluidos tão benéficos que raramente somos atingidos pelas maldades ou pensamentos negativos emanados por irmãos doentes.

✳

Passado algum tempo desde o nascimento de Pedro, os espíritos Heitor, Paulo e Daniel permaneciam vigilantes na casa da família de Estela.

O menino já contava com um pouco mais de um ano de idade.

A executiva seguia firme no trabalho no centro espírita e agora era ela a responsável pelo grupo de estudos.

Carol, por sua vez, passou a se dedicar à sua mediunidade, sendo intérprete dos espíritos por meio da psicografia.

A irmã mais nova de Estela já havia percebido que o seu sobrinho não tinha um desenvolvimento normal para uma criança com a sua idade.

Ele quase não engatinhava e tinha muita dificuldade em expressar a sua vontade.

A tia da criança chegou a comentar as suas impressões com a sua mãe, que concordava que havia algo de estranho com o pequeno infante. Mas ambas decidiram esperar mais algum tempo para tratarem do fato com Estela.

*

Era mais um dia de trabalho no Cantinho da Caridade e haveria a tão esperada sessão de psicografia. Muitas pessoas aguardavam uma mensagem de seus entes queridos e chegavam a lotar o salão principal da casa espírita.

Paulo e Daniel colaboravam com o trabalho, ajudavam outros companheiros espirituais a organizarem a fila de desencarnados e auxiliavam aqueles irmãos que não sabiam direito como escrever para os seus familiares.

Heitor apenas observava tudo, encantado com a grandeza do trabalho silencioso da espiritualidade.

Como desejava poder escrever para os seus, dizer que a morte não existe e que estava tão bem como nunca estivera!

Chegou a comentar com seus amigos benfeitores o seu desejo, mas foi orientado a aguardar a autorização superior. Na hora certa, teria a sua chance.

Os desencarnados eram trazidos um a um por equipes espirituais, que se organizavam para garantir que não houvesse erros de interpretação durante a transmissão da mensagem.

Carol e mais duas médiuns sentaram-se à mesa. A prece inicial foi feita por um dos trabalhadores e logo as cartas começavam a ser ditadas.

Paulo e Daniel estavam ao lado de Carol, que percebia a presença dos espíritos amigos.

A fila de desencarnados era grande e apenas alguns deles teriam a oportunidade de escrever mensagens naquele dia.

Um destes espíritos agraciados era de um adolescente, que havia desencarnado de forma trágica em um acidente de automóvel.

A entidade estava acompanhada de seu avô e, quando autorizados, se aproximaram de Carol.

A mente do jovem escritor espiritual logo se conectou à mente da médium e entre os dois se estabeleceu uma espécie de corrente iluminada, como se as palavras que seriam escritas passassem ali dentro e movimentassem diretamente as mãos da intermediária.

Carol, em transe, sentiu que precisava transmitir a mensagem e, quase que involuntariamente, pegou o lápis e iniciou a escrita:

"Queridos pais.

Sou eu, o seu filho Thiago. Estou com o vovô Benedito e agora está tudo bem. Passei por uma espécie de pesadelo e achei que não fosse mais acordar. Ficou tudo escuro naquela noite. O carro bateu com força e me vi jogado fora de mim mesmo. Tentei entrar de volta no meu corpo, mas não deu. Tinha uma espécie de barreira, de força magnética que me repelia a cada tentativa. Desculpe o mau jeito de escrever, mas quero dizer apenas que estou vivo. Não do mesmo jeito de antes, mas não morri para sempre. E queria que vocês continuassem vivendo sem essa tristeza sem fim. Ainda não sei direito o que acontece depois que morremos, mas garanto que o nada não existe. Nem tribunal, julgamento, céu, purgatório ou inferno. O que é real está em nossa consciência. Nós chegamos aqui do mesmo jeito que deixamos o mundo material. Nossas ações são o único inventário que verdadeiramente nos pertence. Deste lado, não interesa quem fomos, mas quem somos. Estou aprendendo e hoje frequento escolas. Meu avô já tem uma certa experiência e me auxilia a todo momento. Precisarei me afastar um pouco deste mundo de matéria, para entender melhor a minha mais nova condição. Mas o amor não encontra distância. Meu coração e pensamento ficarão aí com vocês. E quando me recuperar, quem sabe poderei visitá-los em casa? O meu único pedido é que tentem ficar bem. Se estiver muito difícil para aceitarem minha ausência, imaginem que parti em uma longa viagem e que, dentro de alguns breves anos, nos abraçaremos de novo! Roguemos a Deus a sua bênção. Meus queridos pai e mãe, permaneceremos sempre unidos pelo poder da prece e do amor. Saudades. Fiquem em paz.

Thiago".

Após a leitura da carta, todos os ouvintes ficaram emocionados, principalmente a família de Thiago, que há alguns meses aguardava ansiosamente uma notícia de seu ente querido.

Mais mensagens foram lidas e entregues aos respectivos familiares e o trabalho foi encerrado.

Carol estava satisfeita, pois tinha cumprido mais uma vez o seu dever com grande abnegação.

Chamou Estela, que também havia concluído a sessão de estudos da tarde, e ambas retornaram à casa da família.

Lá chegando, encontraram Laura, que estava muito aflita.

Assim que viu as filhas, a matriarca foi logo dizendo:

— Estela, Pedro não está muito bem. Ele teve uma espécie de convulsão, ficou muito agitado. Chamei o pediatra dele e agora está medicado. Será necessário fazer alguns exames para verificar o que pode ter ocorrido.

Estela ficou apreensiva e foi logo correndo pegar o filho, que parecia estar mais calmo.

Heitor, que assistia a tudo, sentiu uma opressão no peito. O momento de sua noiva saber o que o garoto tinha estava muito próximo.

Precisava arrumar um jeito de alertá-la aos poucos, antes que o diagnóstico fosse fechado, para tentar evitar um sofrimento ainda maior.

Paulo e Daniel já sabiam o que fazer a esse respeito.

— Heitor, temos que tirar Estela do corpo esta noite junto com o espírito de seu filho, para que os dois possam ficar frente a frente e acertarem algumas arestas.

— E de que maneira faremos isso? Pedro é um bebê, como se lembrará de tudo o que passou?

— Estamos aqui para viabilizar este encontro. Assim que retirarmos Pedro de seu corpo infantil, vamos auxiliá-lo a recordar algumas coisas sobre o seu passado. Quando estamos fora da matéria, os nossos sentidos, se bem orientados, podem ser muito mais eficazes.

Heitor reagiu com certa surpresa, já que ainda não havia recobrado plenamente as memórias acerca de suas experiências extracorpóreas. Ele aguardava serenamente o momento aprazado.

Assim que anoiteceu, os três espíritos se prepararam para o trabalho.

Estela dormia profundamente e, como havia auxiliado na casa espírita, estava muito bem amparada por energias salutares, o que facilitou a sua saída do corpo físico.

Assim que deixou o invólucro carnal, deparou-se com o seu amado, que estava chorando de emoção, parado bem ali a sua frente.

Um tanto incrédula, sorriu para ele e se aproximou.

Olhou o ex-noivo de cima a baixo e quis tocá-lo, para se certificar que aquilo era real.

Para facilitar, ele mesmo pegou a mão de sua amada e passou os seus dedos em seu rosto.

Ela então se agarrou a ele e ficaram abraçados, por alguns rápidos minutos.

Sem esperar mais, ela falou:

— E não é mesmo verdade? A morte não existe! Heitor, como é bom te ver aqui! Você viu o nosso filhinho? Quanta saudade! Por que nunca me escreveu?

Antes que ela pudesse terminar as inúmeras indagações que precisava fazer ao amado, Daniel aplicou-lhe passes que a fizeram perder os sentidos.

Sem entender muito bem o que ocorria, Heitor interviu, um tanto contrariado:

Decifrando estrelas

— Daniel, por que nos interrompeu? Mal deixou a gente conversar! Precisava esclarecer algumas coisas...

Paulo, que necessitava agilizar com certa celeridade o encontro dos dois espíritos, ponderou, com firmeza:

— Heitor, o grande segredo do sucesso, em qualquer que seja a situação, é manter o foco e a disciplina. Não chamamos Estela esta noite para que trocassem juras de amor, mas sim para que se acerte com o seu filho, a fim de obterem a tão esperada redenção.

O jovem ruborizou de vergonha. Seu tutor estava certo. Não poderia colocar os próprios interesses acima de tudo. Tinha que respeitar a ordem dos acontecimentos. Arrependeu-se de sua conduta infantil e pediu ao mentor que prosseguisse com as tarefas, prometendo não mais interferir sem ser chamado.

O benfeitor então prosseguiu e, com todo cuidado, pegou em seus braços o espírito infantil de Robério, agora como Pedro.

O espírito da criança perturbou-se ao ver as entidades, mas logo Daniel o acalmou, com a administração de energias magnéticas em sua mente.

Paulo iniciou uma prece íntima e logo chegaram os dois espíritos que participaram do processo reencarnatório de Robério, para dar maior sustentação aos trabalhos.

Neste momento, a criança espiritual já havia voltado a dormir e, então, Paulo a chamou pelo nome que tinha na encarnação passada:

— Robério, volte. Precisamos conversar.

CAPÍTULO XIII
Prestação de contas

O CHAMADO de Paulo despertou o espírito de Robério que, com muita dificuldade, tentava se desvencilhar dos laços fluídicos que o prendiam àquele pequeno corpo de carne.

Daniel e Heitor, agora de mãos dadas, permaneciam em prece, a fim de possibilitar uma maior sustentação ao trabalho que seria iniciado.

A humanidade, em sua frenética correria cotidiana, não se apercebe do quanto é influenciada pelos espíritos desencarnados que povoam o orbe terrestre.

Os nossos pensamentos são carregados de energias capazes de atrair aqueles que se afinam com elas.

Constantemente, somos auxiliados por companheiros espirituais, mesmo sem ter nenhuma consciência do que ocorreu.

Em inúmeras oportunidades, ao final de um dia atribulado, nos vemos perdidos em nossos caminhos confusos e, na manhã seguinte, tudo parece que se clareou, como num passe de mágica! Acordamos com a íntima certeza da decisão mais proveitosa a ser tomada naquele momento.

O que explicaria tal sensação, se não o amparo da Espiritualidade?

Durante o sono, na maioria das vezes, somos levados pelos nossos companheiros em viagens astrais, para que possamos recobrar o equilíbrio que nos falta enquanto permanecemos limitados em nosso corpo físico.

Podemos participar de trabalhos voluntários, assistir palestras ou apenas manter um contato mais direto com os nossos amigos espirituais, para que nossas ideias sejam aclaradas e saibamos aproveitar, com a máxima dedicação, a nossa experiência terrestre.

Por outro lado, existem pessoas que sintonizam quase que o dia todo com sentimentos e pensamentos de queixumes, mágoas, rancores e antagonismos de toda a sorte, o que provoca o interesse de espíritos que vibram na mesma frequência.

Quando isso ocorre, a sensação não é de leveza, mas sim de peso, de descrença em tudo e em todos, uma onda de pessimismo nos arrebata o ânimo e, consequentemente, podemos cair na inércia que nos leva a quadros depressivos e derrotistas.

Ainda assim, a oração é bálsamo que pode tirar o indivíduo da letargia em que se colocou, para então reencontrar o bom ânimo e a vontade de prosseguir na caminhada.

O importante é sempre nos mantermos vigilantes, como ensinou Jesus, para que evitemos as quedas que podem comprometer a nossa tarefa e tornar o fardo ainda mais pesado.

Robério necessitava do auxílio e Deus, que não tarda, providenciou para que Paulo fosse o Seu intermediário nessa missão tão importante.

Mas ele não estava sozinho.

Aurélia fora mãe de Robério em sua última existência física e, depois de muito trabalho, teve o seu pedido atendido para que o filho fosse amparado e abençoado com a dádiva da reencarnação.

Sempre existem corações no Alto que pulsam com toda a força a nosso favor. Nunca estamos abandonados.

Aurélia chegou ao recinto.

Ela sabia que, influenciado pela sua presença, o filho poderia ficar mais suscetível a se render aos apelos de seus mais profundos sentimentos.

Robério, percebendo a estranha movimentação daquele ambiente, recobrou um pouco de sua consciência adormecida e bradou:

— O que há neste lugar? O que faço aqui? Por que me aprisionaram naquele corpo defeituoso? Quero sair de lá, quero viver no plano que estava antes!

E cada vez que falava, mais nervoso e fora de controle o espírito ficava.

Paulo apenas olhava a cena e, lentamente, aproximou-se da entidade descontrolada. Enquanto caminhava em sua direção, algo atrás do benfeitor surgiu, como se fosse uma luz muito clara.

Era Aurélia.

Robério, ao perceber a proximidade de Paulo, prosseguiu, agora ainda mais revoltado:

— O que é? Vão me levar preso ou o quê?

O benfeitor parou à frente do espírito e, muito sereno, respondeu:

— Não podemos aprisionar quem já está na prisão, meu caro! Viemos te libertar!

Confuso com aquela resposta um tanto inusitada, Robério retrucou:

— Pelo menos alguém aqui fala o meu idioma. Então você concorda que aquele corpo defeituoso é, sem dúvida, uma prisão?

Paulo não se deixou intimidar pela ironia e, esboçando certa altivez no tom de sua voz, prosseguiu:

— Robério, seu corpo não tem defeitos. Sua mente o fez assim. Se há limitações de ordem física em seu invólucro carnal, estas foram criadas por você mesmo, com os pensamentos e sentimentos que nutriu durante a formação biológica de sua estrutura física, ainda no útero de sua mãe.

— Mãe? Aquela mulher não é minha mãe!!! – replicou Robério, demonstrando raiva em seus olhos.

— Agora é sim e deve respeitá-la como tal – esclareceu, com bondade, o interlocutor.

Decifrando estrelas

— Ela é a mulher que destruiu a minha vida, meus sonhos, meu amor! Fez de mim um homem sem destino, desprezado e humilhado. Ela deve sofrer!

Após uma pausa, o orientador recobrou a palavra:

— E quem somos nós para julgar? Também cometemos erros, fracassos e prejudicamos nossos semelhantes. Não pode fazer de sua vida um inferno de penúrias ou estagnar a sua própria evolução a troco de uma vingança. Todos somos, mais cedo ou mais tarde, cobrados pela própria vida a respeito de nossas ações, ou melhor, dos efeitos de nossas atitudes. Não se faz justiça com as próprias mãos. Se assim proceder, piorará ainda mais a sua condição moral. Você foi agraciado com a reencarnação e deve aproveitar com muito esforço essa oportunidade que tem de se libertar de si mesmo. Substituir esse sentimento de rancor e mágoa por amor.

Nesse momento, o assistido ruborizou de ódio.

Queria levantar daquela cadeira e atingir Paulo, mas algo o segurava naquela posição. Isso o irritou ainda mais.

Percebendo que o filho estava resistente ao carinho e ao amparo dos benfeitores, Aurélia se fez presente.

Estava vestida de branco e aparentava a idade com que desencarnou em sua última existência, para que o filho pudesse reconhecê-la.

Em seus cabelos, havia uma coroa enfeitada com flores de espécies desconhecidas na Terra.

Tinha uma aura mais pura e sua presença feminina abrilhantava o ambiente carregado e sofrido daquela casa.

Quando pousou os olhos naquela figura feminina, Robério deixou-se vencer pela emoção e lágrimas verteram pela sua face.

Paulo, Daniel e Heitor se afastaram um pouco, enquanto Estela ainda permanecia desacordada.

Ao se aproximar de seu filho, a linda mulher acariciou-lhe os cabelos e o envolveu em seu abraço.

Um pouco mais calmo, Robério falou:

— Mamãe, como pôde sumir assim, por tanto tempo! Te esperei por vários anos, sem saber onde estava! Me ajude, minha mãe, não quero viver naquele corpo sem perspectivas de futuro, sem poder falar, trabalhar!

— Se acalme, meu filho! A sua maior prisão não está naquele corpo, mas em sua mente. Se deixá-la livre e acreditar que pode vencer qualquer barreira, assim será. Lembre-se que, ainda que tivesse um corpo perfeito, a fixação de pensamentos doentios poderia levá-lo a enfermidades fatais. O segredo é manter os nossos pensamentos sempre elevados e confiantes em Deus e nada será capaz de nos abalar — ponderou a jovem senhora.

— Você parece um anjo, mamãe! Me tira daqui, por favor! Leve-me contigo, deixe-me dormir de novo em seus braços, como fazia quando era criança – suplicou Robério.

— Vou te levar sim, mas não será agora. Terá de concluir com êxito a sua experiência carnal ao lado daquela que tanto amou um dia. Agora, na qualidade de sua mãe, ela terá a oportunidade de cuidar de ti com o mesmo zelo que eu cuidei e, de certo, te amará com todo o amor como te amei e ainda te amo, meu filho!

Decifrando estrelas

Emocionada, Aurélia deu sequência às palavras de amor ao filho:

— É necessário passar por tudo isso para depois, se Deus permitir, podermos desfrutar de um tempo juntos de novo, aqui na verdadeira Pátria. Saiba que estou ao seu lado e assim ficarei durante todo o tempo em que perdurar a sua vida material. Sempre estive contigo, você é quem nunca conseguiu me enxergar, pois seus olhos estavam cegos, assim como os teus ouvidos, que, dilacerados de tanto rancor, não conseguiam escutar as minhas palavras de conforto e incentivo. Agora estamos reunidos aqui, novamente, para te auxiliar na conclusão desta tarefa tão sublime, que é simplesmente amar...

Um perfume muito doce envolveu o ambiente.

Aurélia emocionou a todos com suas palavras maternais.

Robério estava embevecido e agora muito mais suscetível ao auxílio espiritual.

Aproveitando que o assistido estava junto de sua mãe, Paulo e Daniel aplicaram passes em Estela e a colocaram sentada em frente ao espírito de Robério, para que pudessem se reconciliar e, com isso, estreitarem ainda mais a relação de amor que deve existir entre mãe e filho.

Um tanto atordoada, ela abriu os olhos e logo reconheceu aquele rapaz.

Um calafrio tomou conta de si. Lembrou-se então daquele homem que a cercou nos semáforos e que a abordara em frente ao seu prédio.

Sim, era ele, aquele estranho andarilho!

Os olhos dos dois se reencontraram novamente. Robério, ao ver Estela, logo alterou o seu semblante, pois foi tomado pelo rancor de outrora. Esqueceu-se, naquele momento, que havia desfrutado da presença terna de sua mãe e, fixando a inimiga, iniciou o diálogo, com cinismo:

— Ora, até que enfim! Que bom que está aqui! Como pode estar tão bem, mesmo sabendo que acabou com a minha vida? Que depois de me seduzir e tirar tudo de mim, permaneci esquecido, sofrendo de amor por você? O que me diz agora? Me deve muito, Claudette! E terá de pagar!

"Claudette?", ela pensou. "Quem seria esta mulher?"

Paulo, ao verificar que Estela se esforçava para tentar entender o que Robério dizia, aplicou-lhe passes em seu centro de força coronário para que pudesse recobrar, temporariamente, as memórias de sua última existência.

Aos poucos, ela ia se lembrando de um reino e de sua condição de princesa. Também se recordou de um homem que havia conquistado apenas para chegar até aquele por quem realmente era obcecada.

Suas lembranças estavam vindo à tona de forma gradual, e então, reconheceu naquele suposto "andarilho", o jovem que um dia seduziu e usou.

Ao relembrar as suas atitudes do passado, Estela caiu no choro.

Como poderia ter sido tão cruel com alguém? Começou a se culpar pelo seu egoísmo e ganância.

Arrependida, ela volveu o olhar para Robério e esclareceu:

— Agora sei do que fala. Você tem razão em sentir tanta raiva de mim. De fato, não fui leal com você. Usei os sentimentos de amor que nutria por mim apenas para satisfazer meu orgulho e ambição, que acabaram me levando ao cálice venenoso da indiferença e da insensatez. Me perdoe pela minha extrema falta de humanidade com os seus mais sinceros sentimentos. Mas saiba que, se te devia algo, a vida se encarregou de me cobrar muito caro. Isso porque o meu grande amor foi tirado tragicamente de mim, me deixando com um filho no ventre. Em consequência, todos os nossos sonhos foram ceifados pela frieza da morte. E agora, para completar, sinto que há algo de errado com meu filhinho, que tão pequeno, já apresenta enfermidades que necessitam de investigação...

Antes que ela terminasse, o rapaz sentiu um frio na espinha.

Ela não sabia que ele era o espírito de seu próprio filho.

Aproveitando-se disso, Robério a interrompeu:

— E se o seu filho realmente tiver algum tipo de deficiência, o que você fará?

Ela pensou por alguns instantes e, sem titubear, respondeu:

— O amarei do mesmo modo.

Robério ficou paralisado.

Entretanto, ainda não satisfeito, formulou outra questão, agora um pouco mais inquietante:

— E se o seu filho, além de deficiente, for um desafeto seu de outras vidas? Aproveitaria a oportunidade para dele se vingar?

Ela não entendeu muito bem o motivo da indagação, mas rebateu, com toda a honestidade:

— Amarei meu filho mais do que tudo nesta vida. Não me importa quem ele foi um dia, mas sim quem ele é agora. Pedro é a minha razão de viver, a minha essência, o meu sorriso de cada dia. E ainda que tenhamos que lutar contra qualquer tipo de doença, nada vai abalar o nosso amor, porque vou protegê-lo neste e no outro mundo.

Ela não conseguiu mais falar, pois se emocionou muito quando lembrou de Pedro dormindo em seus braços, ainda na maternidade.

Robério estava emocionado com a sinceridade de Estela.

Ela o amava, talvez como nunca houvera amado antes.

Essa certeza mudou os seus pensamentos, que agora estavam mais leves e brandos. Seria protegido, ainda que tivesse que enfrentar certas limitações de ordem física.

Apesar da emoção, sentiu que aqueles acontecimentos o deixaram exausto e, contra a própria vontade, adormeceu.

Aurélia, Daniel e Heitor o levaram de volta ao seu quarto infantil.

Estela permaneceu no local, ainda consciente. Foi então que Paulo, aproveitando os últimos minutos daquela noite, obtemperou:

— Querida, siga o seu coração. Leve Pedro ao médico o quanto antes. Não se assuste com os prognósticos. Acredite que seu filho é capaz de vencer todos os desafios e assim será. Revoltas e amarguras apenas servirão para piorar o quadro dele. Já o amor, a paciência e a resignação serão as bases estruturais para a sua constante melhora. Heitor estará contigo e nós também. Independentemente do tratamento médico, leve Pedro ao Cantinho da Caridade e deixe que seu tio e seu pai cuidem do períspirito dele. Esse tratamento espiritual será muito útil ao seu filhinho. Agora durma, pois amanhã terá um longo dia pela frente.

Heitor, que aguardava ansiosamente a sua vez de falar com a amada, teve que manter a resiliência, pois ainda não seria naquele momento.

Os benfeitores estavam satisfeitos e despediram-se de Aurélia, que deveria retornar ao plano espiritual.

Com um sorriso de satisfação, Paulo agradeceu a Deus pelo êxito na tarefa daquela noite e, fixando Daniel e Heitor, concluiu:

— Meus caros amigos, o que vivenciamos nestes últimos instantes é algo comum na vida dos encarnados. Sem que desconfiem, são constantemente auxiliados pelos amigos espirituais, com palavras de incentivo e força. Todos são protegidos por Deus e nunca ficam à mercê da própria sorte. Alguns conseguem ajuda mais rápido, outros precisam esperar mais, porém, todos são atendidos em suas necessidades, quando clamam pelo

Senhor. Agora, só nos resta aguardar o desenrolar dos dias que virão.

E dirigindo-se especialmente ao seu tutelado, advertiu:

— Heitor, logo deverá participar mais ativamente da vida de Estela e, no momento certo, sentirá o que deverá ser feito.

Na paz do dever cumprido, os três amigos permaneceram em oração, até que o dia raiasse novamente na Terra.

CAPÍTULO XIV
Auxílio do Alto

ESTELA acordou aos sobressaltos naquela manhã.

Não sabia explicar o motivo, mas estava com uma angústia e um aperto em seu coração.

Pensava em Pedro, mas o que poderia estar errado com o seu filho?

Sentiu uma certa apreensão pela consulta médica que se aproximava e pediu a Deus que auxiliasse o seu filhinho em qualquer problema que houvesse.

Como era de sua rotina, levantou-se da cama e foi se aprontar para mais um dia de trabalho.

Refletiu, por alguns instantes, em como a sua vida tinha se transformado.

Há poucos anos, não passava de uma jovem ambiciosa que precisava, a qualquer custo, conquistar a vaga de diretora de uma grande empresa.

Hoje, mesmo ocupando o cargo de seus sonhos, trocaria seu prestígio social pela simples convivência com o amor de sua vida.

Os valores mudam conforme os acontecimentos que nos cercam.

O importante é tirar de qualquer experiência, um constante aprendizado.

Sem saber, a jovem mamãe era observada por Heitor, que a contemplava, embevecido.

Estava do outro lado da vida, mas continuava do mesmo lado de quem amava.

A morte física tira o indivíduo de sua zona de conforto, o convida a adaptar-se às mudanças, mas não logra alterar os sentimentos de quem atravessa a fronteira do além-túmulo.

E Heitor prosseguia amando aquela mulher, mais do que tudo.

Um amor que não aprisiona, que espera, que entende o outro nas suas imperfeições e inconstâncias. Um sentimento capaz de unir duas almas fisicamente separadas.

Daniel, que conhecia o amigo intimamente, sabia o que ele estava pensando e se aproximou, cordial:

— Heitor, não se deixe abater agora. É preciso manter o equilíbrio para auxiliar quem amamos.

— Daniel, o que posso fazer por ela neste momento?

— Pode se aproximar e dizer o quanto a ama, que está ao seu lado e que nada vai abalar este amor.

— E ela me ouvirá?

Decifrando estrelas

— Certamente, meu caro. Talvez não do jeito que pensa, mas sentirá a vibração de tuas palavras em sua alma e, de um jeito ou de outro, terá a certeza de que você está com ela. Vá, não perca mais tempo!

Encorajado pelo benfeitor, ele se aproximou de Estela, que estava sentada em sua cama, penteando os cabelos e, quase como um sussurro, falou:

— Estela! Pode me ouvir? Sou eu, Heitor. Estou com muitas saudades de você!

Ela permanecia igual e praticamente não demonstrou nenhuma reação às palavras do amado.

Heitor, algo decepcionado, olhou para Daniel que, com um gesto, pediu que o amigo tocasse a amada.

O noivo de Estela assim o fez.

Com toda a delicadeza de sempre, colocou a sua mão sobre a mão de sua amada e, então, se surpreendeu com o que viu.

Estela, de alguma forma, sentiu a presença de Heitor e, assim que foi tocada por ele, deixou cair a escova de cabelos e prontamente se lembrou do seu rosto, no dia do fatídico acidente.

Aquela lembrança despertou novamente a sua dor e foi quando caiu em um choro muito sentido.

Heitor se arrependeu de ter tentado chegar perto da amada e também se entristeceu. Foi quando Daniel interviu, elucidativo:

— Meu irmão, ao se aproximar de um ente querido que ainda está encarnado, temos que tomar muito cuidado com os sentimentos que transmitimos a eles. Do mesmo

173

modo que quando partimos nos entristecemos quando eles sofrem, eles sentem quando nós, deste outro lado, sofremos por eles. É claro que as saudades permanecem, uma vez que ainda não estamos acostumados com a separação física que a desencarnação impõe às criaturas, mas podemos controlar as nossas emoções. Deixei que se aproximasse para que percebesse que, mesmo sem querer e com a melhor de nossas intenções, se não tivermos o equilíbrio necessário, podemos desequilibrar facilmente os sentimentos de quem amamos, o que pode acarretar um processo de obsessão. Por isso, antes de querer que os nossos amados saibam que estamos vivos, ainda que não da forma como estávamos acostumados, precisamos educar a nossa alma e os nossos sentimentos, a fim de evitar prejudicar ainda mais os nossos irmãos que ficaram.

Após os importantes ensinamentos de Daniel, Heitor se acalmou.

Sabia que ainda precisava observar muito os companheiros para aprender a lidar e a controlar as próprias emoções.

∗

Alguns anos se passaram desde os primeiros exames de Pedro, que nada de anormal detectaram na saúde do menino, apesar dele ter sofrido algumas convulsões quando bebê.

Estela resolveu acompanhar o estado de saúde do filho e, se fosse o caso, o levaria em um especialista.

Quanto à sua família, todos tocavam as suas vidas, como tinha de ser.

No Cantinho da Caridade, era dia de trabalho de cura.

Estela, apesar de lá trabalhar, nunca se interessou especificamente pela tarefa de cura exercida em conjunto pelo seu tio Lúcio e seu pai Antonio.

Mas naquele dia algo mudaria a sua perspectiva.

Laura se preparava junto com o esposo para ir ao centro espírita e, após sentarem-se à mesa para o café, comentaram entre si:

— Antonio, não acha que deveríamos levar o nosso neto para o trabalho de hoje? Sinto que há algo errado com ele, mas não sei explicar o que pode ser...

O bom homem, concordando com a esposa, respondeu:

— Vamos aguardar a chegada do meu irmão. Ele certamente nos auxiliará. Levaremos Pedro para o centro junto conosco. Também receio que nosso anjinho precise de ajuda.

A campainha tocou.

Era Lúcio, que junto com ele trouxe pães quentinhos para completar um bom café da manhã.

Carol, muito solícita, abriu a porta de sua casa para o tio.

Lá chegando, após cumprimentar a família, Lúcio perguntou por Estela, que já havia saído para trabalhar.

Paulo, Daniel e Heitor, que observavam atentamente a família, queriam muito que Pedro fosse ao centro naquele dia e, então, resolveram dar a sugestão.

Paulo, que já sabia como ser ouvido pelos encarnados, chegou perto de Carol que, como médium, logo sentiu uma presença diferente.

Percebendo que o seu recado seria transmitido, o benfeitor se posicionou atrás de sua intérprete e lhe sugeriu, com carinho:

— Carol, leve Pedro ao trabalho hoje. Ele precisa de ajuda.

A menina, que bebericava um gole de café, deixou a xícara quase cheia e, de modo automático, subiu as escadas.

A família, que já estava pronta para sair, estranhou a atitude da filha mais nova. Lúcio, no entanto, sabia o que ocorria, pois possuía a mediunidade da clarividência e viu quando o espírito de Paulo se aproximou de Carol.

A médium desceu com o sobrinho em seus braços e, muito convicta, afirmou:

— Hoje ele não vai à escola. Vamos levá-lo ao trabalho no centro.

Laura e Antonio entreolharam-se, cúmplices.

Sabiam que não existem coincidências e que a espiritualidade foi clara.

Deveriam levar o neto ao Cantinho da Caridade imediatamente.

✳

Decifrando estrelas

Pedro era uma criança diferente das outras. Seu comportamento era um tanto hostil com as pessoas e não demonstrava afeto para ninguém de sua família.

Já contava com quase cinco anos de idade e nenhum médico tinha detectado algum tipo de problema em seu desenvolvimento.

Todos diziam que cada criança tem o seu tempo, que era necessário aguardar, enfim, nada muito conclusivo.

Estela continuava se dividindo entre o trabalho na empresa, o filho e a atividade voluntária no centro espírita.

Apesar de sentir que o menino era diferente dos outros, ela se negava a aceitar o fato e, por isso, se agarrou de novo em sua carreira profissional para tentar esquecer os problemas de ordem pessoal.

Heitor estava triste por ver Estela fugindo de seus compromissos, quando deveria ser a primeira a aceitar e a ajudar o filhinho.

Paulo e Daniel, que receavam que Pedro pudesse piorar se não recebesse o tratamento médico necessário, resolveram recorrer à mediunidade de Carol para então levarem a criança ao trabalho de cura no centro e lá, com o concurso espiritual de outros colegas abnegados, constatarem o seu desequilíbrio neurológico.

Na casa espírita, Antonio e Lúcio estavam prontos para iniciarem o atendimento e aguardavam o primeiro paciente que entraria na sala.

Laura adentrou ao recinto segurando o neto nos braços, que estava inquieto.

177

Heitor, que acompanhava o trabalho, rogou a Deus que auxiliasse os médiuns naquele instante e acalmasse o seu filho, para que deixasse concluir a consulta.

Assim que terminou a oração, sentiu uma paz em seu íntimo e percebeu que uma entidade, muito iluminada, pousou a mão na fronte da criança. Como mágica, Pedro foi adormecendo lentamente. Lúcio, ao chegar perto do menino, viu que em seu cérebro alguns neurônios não se encaixavam perfeitamente.

Verificou ainda que o espírito da criança tinha muitas marcas e cicatrizes, o que denunciava que aquela enfermidade já existia em seu espírito mesmo antes de ele nascer.

Nesse momento, um médico do astral aproximou-se de Lúcio e informou, muito convicto:

— O menino sofre de um distúrbio neurológico, que o atrapalha em suas relações sociais e dificulta a sua comunicação e interação interpessoal. O grau da enfermidade é moderado, mas poderá regredir bastante, se o tratamento médico for iniciado com presteza. De outro modo, sem o respectivo tratamento indicado, sua patologia tende a se agravar de tal maneira que não conseguirá viver com o mínimo de qualidade e sofrerá muito por isso. Esta enfermidade é denominada Transtorno do Espectro Autista, que compromete a interação social e/ou a comunicação verbal ou não-verbal do indivíduo.

O médico espiritual continuou suas explicações:

— O espírito do garoto foi trazido para esta vida de modo compulsório e, ainda que a medida tenha visado o seu bem, ele não entendeu assim e por isso nunca aceitou ter de renascer neste mundo. Quer a sua liberdade espiritual de volta, o domínio da situação, por isso tende a se isolar de tudo e de todos, como se vivesse encarcerado em sua própria mente enferma. Crê que não pertence a este lugar e, para entender os seus sentimentos, as pessoas próximas precisarão primeiro adentrar em um universo que é só dele, para então incluí-lo no mundo que pertence a todos.

Após dizer o que necessitava, a iluminada entidade saiu do recinto, deixando Lúcio impressionado com o diagnóstico que acabara de ouvir.

Encerrados os trabalhos, Antonio, Laura e Carol procuraram pelo vidente que, pacientemente, repetiu cuidadosamente todas as palavras ditas por aquele médico experiente.

A família reagiu com certa surpresa ao diagnóstico, mas Carol, que não se deixava abater, acalmou os ânimos:

— Vou conversar com Estela ainda hoje. Pedro precisa de ajuda e ela não pode protelar isso por mais tempo. Se ela não o levar ao médico, eu o levarei.

— Calma, minha filha. Não é fácil para uma mãe saber que o filho necessita de cuidados tão especiais. Estela passou por muitas dores e não será fácil aceitar mais uma prova tão difícil como esta – ponderou Laura, emocionada.

— Sim, mamãe, eu compreendo. Mas Pedro também está sob a nossa guarda e a responsabilidade é igualmente nossa de procurarmos o auxílio necessário para minimizar a sua enfermidade. Está decidido. Hoje Estela precisará tomar uma atitude diante desta situação — arrematou Carol, determinada.

Os espíritos Heitor, Paulo e Daniel aguardavam o momento em que Estela chegaria do trabalho.

Aquela noite não seria como as outras.

Era necessário manter os corações em prece para que a executiva aceitasse com resignação a prova mais importante de sua existência.

CAPÍTULO XV

O amor posto à prova

ESTELA teve um dia atribulado em seu trabalho.

Estava muito nervosa, pois havia escutado alguns comentários na empresa de que Sílvia teria sido vista rodeando o local. Não desejava ter de reencontrar aquela traidora.

Após terminar todas as suas extensas tarefas profissionais, finalmente ela conseguiu chegar ao lar.

Feitas as saudações costumeiras aos familiares, a executiva logo quis saber notícias de seu filho.

Foi informada por sua mãe que ele estava junto com Carol.

Subiu até o quarto e contemplou o pequeno que, com muita dificuldade, tentava pedir à tia uma caneca com leite, que estava posicionada sobre a estante.

Estela percebia desde muito, que a criança já deveria falar um pouco mais pela sua idade, mas o filho se limitava a apontar os objetos com os dedos e, quando muito, pegava as mãos das pessoas para que o levassem aonde queria ir.

"Como é difícil chegar de um dia tão cansativo de trabalho e ainda ver que o seu filho é diferente", divagou a jovem executiva, um pouco revoltada.

Carol, que aguardava ansiosamente a chegada da irmã, ao perceber o olhar indiferente dela para com a pequena criança, indagou:

— Por que o olhou assim, minha irmã?

— Assim como, Carol? É que não tenho muita paciência com Pedro. Ele já está grande e propositadamente age como um bebê. Acho que está muito mimado.

A irmã mais nova engoliu a resposta que gostaria de ter dado à primogênita. Respirou fundo e prosseguiu com a conversa:

— Acha mesmo que Pedrinho faz de propósito? Por acaso não passa pela sua cabeça que ele realmente possa ter algum tipo de dificuldade?

— Ora! Que conversa é essa agora? O que está insinuando, Carolina?

— Não insinuo nada, apenas te fiz uma pergunta.

— Ai, não sei! Os médicos dizem que ele não tem nada e pronto! Só pode ser algum tipo de manha de criança.

— Como pode ter vendas em seus olhos? Você não quer enxergar que...

Decifrando estrelas

Antes que a irmã terminasse, Estela atravessou a sua fala:

— Carol, se quer me dizer algo, então fale! Sem rodeios! Não sou do tipo que foge à luta, você sabe.

A doce irmã, por um momento, tornou-se um pouco mais agressiva diante da rispidez de Estela e logo replicou:

— Pois então, como preferir! Levamos Pedro nos trabalhos de cura espiritual do centro. E nos foi dito por um médico do astral que ele tem o Transtorno do Espectro Autista e deve iniciar o tratamento médico urgente!

Os olhos de Estela se arregalaram e um calafrio fez o seu corpo inteiro tremer de medo.

Por instantes, pensou em tudo o que já havia passado na vida e questionou intimamente:

"Deus ainda seria capaz de me castigar mais uma vez? O que eu fiz a Ele para que me maltrate tanto assim?"

Procurou respirar lentamente e fitou a irmã, que estava aguardando a sua reação diante da revelação que fez.

Ela olhou de novo para Pedro, que agora mexia os seus dedinhos no alto e os observava, quieto.

Sem palavras, ela abaixou a cabeça e chorou.

Carol, que se arrependeu de ter dado a notícia daquela maneira tão direta, se aproximou da irmã, que a repeliu, contrariada:

— Quero ficar sozinha! Você acabou com meu dia! Me deixa quieta, com meus pensamentos – rebateu Estela, muito inconformada com o que acabara de ouvir.

Carol saiu do quarto e decidiu que seria melhor levar Pedro consigo.

O espírito Heitor, que a tudo assistia, sentou-se ao lado da amada, que sequer imaginava que pudesse estar acompanhada naquele momento.

Sem acreditar que ela o ouviria, o pai de Pedro desabafou:

— Como eu gostaria de poder estar ao seu lado nesta hora tão difícil, meu amor. Mas não a deixei como pensa. Estou aqui, apesar de ignorar a minha presença. Vamos enfrentar tudo isso juntos, sem esmorecer! Sempre foi tão forte, impetuosa, está na hora de exercer essas qualidades agora. Não há tempo para se vitimizar, pois deve lutar pelo nosso Pedro. Este menino é fruto vivo do nosso amor. Não o deixe no desamparo de uma dor que cabe a nós erradicarmos de sua alma. Deve muito a este espírito e Deus a agraciou como sua mãe para que pudesse se redimir. Aceite o desafio imposto e vença mais esta etapa, Estela.

Ao ouvir os apelos do noivo desencarnado, mesmo inconscientemente, a executiva sentiu como se o seu coração fosse invadido por uma coragem tão forte, que resolveu sair rapidamente daquele estado de apatia e desolação e partir para a ação efetiva.

Decidiu que se desculparia imediatamente com a irmã e, ao amanhecer, faltaria ao trabalho para levar o filho a um bom especialista.

Paulo e Daniel ficaram satisfeitos com Heitor. Ele reaprendeu a dominar os próprios ímpetos e conseguiu ajudar a amada.

Os três estavam muito felizes com a atitude positiva de Estela diante daquela situação tão desafiadora.

*

Como planejado, a jovem mãe acordou cedo e, junto com Carol, estavam determinadas a levar Pedro a um médico neurologista.

Paulo já havia entrado em contato com um amigo médico do astral, a fim de que lhe indicasse um bom profissional encarnado que pudesse diagnosticar com maior precisão o problema de Pedro.

O colega de Paulo indicou o Dr. Silas, um jovem pediatra neurologista e muito interessado no estudo de casos de crianças portadoras do Espectro Autista.

O seu consultório não era muito conhecido ainda, mas era o profissional ideal para orientar a família quanto ao melhor tratamento para a criança.

Estela e Carol não tinham ideia de como procurar um bom médico, quando foram imediatamente surpreendidas pelo tio Lúcio, que acabara de chegar a casa da família.

Estranhando a presença dele naquele horário, já que não era dia de trabalho espiritual, Estela abriu a porta, um tanto desconfiada.

Após cumprimentá-la, o visitante perguntou sobre Pedro.

A jovem então baixou os olhos e ele percebeu que ela já deveria saber o que ocorrera no centro.

Para quebrar o clima tenso que se estabeleceu entre eles, o irmão de Antonio gentilmente asseverou:

— Estela, tenho um colega que se formou faz pouco tempo em medicina e ele é pediatra. Não é ainda conhecido no meio, mas garanto a você que se trata de um jovem muito estudioso nas questões que envolvem a mente. Por que não leva Pedrinho até ele?

— Agradeço tio, mas prefiro levá-lo a um renomado especialista.

— Por acaso você conhece algum? — perguntou Lúcio.

— Não, mas vou procurar.

— Estela, não tem nada a perder se levá-lo até o Dr. Silas – insistiu. — Se não gostar, procure outro profissional. Você não tirou o dia de hoje para resolver essa questão? Então, em vez de perder mais tempo procurando um especialista renomado, leve-o neste meu colega e, se não ficar satisfeita, aí sim procure outro.

Percebendo que as horas se passavam céleres e nada ainda tinha se concretizado, a sobrinha resolveu atender ao pedido de seu tio, afinal, nada teria a perder.

No entanto, ficou curiosa para saber o motivo que o levou a visitá-la de forma tão inesperada e, sem rodeios, questionou:

— Tudo bem, tio, estou sem opção mesmo, portanto levarei Pedro até este médico que me indicou. Mas me tire uma dúvida: veio até aqui só para me dar este recado?

Um pouco surpreso com o inusitado da pergunta, ele respondeu, com honestidade:

Decifrando estrelas

— Ora, minha sobrinha, é que a noite passada sonhei com um homem altivo e paternal, que se apresentou para mim como Paulo e me pediu encarecidamente que viesse aqui hoje lhe sugerir para que levasse o seu filho até o Dr. Silas. Eu apenas fui um instrumento do plano espiritual.

Estela, que já estava acostumada com a mediunidade ostensiva de Lúcio, se deu por satisfeita com a explicação, pois como já havia adquirido maiores conhecimentos acerca da influência dos espíritos na vida dos encarnados, não se surpreendeu com a resposta do tio.

Sem mais delongas, os três familiares pegaram Pedro e se dirigiram ao consultório do especialista indicado pela espiritualidade.

Dr. Silas era um médico um tanto jovem, mas muito centrado na sua profissão.

Já ministrava a medicina no plano espiritual e reencarnou com o propósito de auxiliar as famílias e as crianças portadoras de dificuldades mentais.

Conhecia Lúcio porque frequentava o trabalho de cura do Cantinho da Caridade, pois que, de igual modo, se interessava pelas questões do espírito.

Acreditava que o tratamento espiritual, administrado com seriedade e disciplina, era um ótimo e eficaz complemento para a cura física.

Já no consultório, os familiares aguardavam o chamado, quando então escutaram:

— Pedro de Alcântara.

Estela estremeceu. Carol também sentiu uma pontada de ansiedade, mas Lúcio permanecia sereno.

187

Foi ele quem pegou o pequeno em seu colo e, junto com as duas, todos adentraram a sala particular do médico.

O jovem pediatra, muito afável, cumprimentou o amigo Lúcio, que o apresentou às sobrinhas e ao pequeno garoto.

Após distrair Pedro com alguns brinquedos, Dr. Silas questionou Estela:

— Então, mamãe, o que nota de diferente em seu filho?

Ela respirou fundo e, por um motivo inexplicável, resolveu abrir o seu coração, como nunca havia feito antes:

— Doutor Silas, confesso que é muito difícil para mim ter que admitir que meu filho tem um comportamento esquisito. Ele demorou muito tempo para engatinhar quando bebê e até hoje ainda anda com certa dificuldade. Quase não fala e ignora a minha presença. Se estou em casa, é como se não me enxergasse. E quando volto do trabalho, é como se ainda estivesse ausente. Embora a gente o estimule com brincadeiras, ele não interage conosco. Raramente sorri e quando quer algo não pede com palavras, apenas aponta com os dedos o objeto de seu desejo. Ele é capaz de ficar horas sozinho e calado, principalmente quando está em seu quarto. Tem fixação por estrelas. No teto, colocamos um papel de parede com figuras que simulam o espaço sideral e ele fica olhando por horas lá para cima, como se tentasse decifrar o que as estrelas querem lhe dizer. Meu coração de mãe sofre muito, pois me sinto incapaz de ajudar o meu filho. Não conheço o mundo em que ele vive e acho que ele se recusa a ingressar no nosso.

Os olhos de Estela denunciavam a sua angústia e lágrimas libertadoras escorriam de seu rosto, que carregava muitas marcas de sofrimentos.

Carol também se emocionou com as palavras da irmã.

Dr. Silas observava o pequeno Pedro e, após Estela concluir o seu relato, ele se levantou da cadeira e se aproximou do menino.

Apenas Lúcio conseguia enxergar a movimentação espiritual que havia naquela sala.

Muitos espíritos trabalhavam e auxiliavam Silas em seus diagnósticos e tratamentos.

Paulo, Heitor e Daniel estavam ali e a tudo observavam, com muito respeito.

Era chegada a hora de Estela colocar o seu amor à prova.

Silas, ao chegar bem perto do menino, o chamou pelo nome:

— Pedro! Olhe para mim!

A criança nem parecia que havia escutado e permaneceu indiferente.

O médico insistiu:

— Pedro!!!

O menino virou rapidamente a cabecinha na direção da voz, mas não esboçou mais nenhum tipo de reação.

Dr. Silas retornou à mesa e pediu para que Estela o chamasse.

E ela o fez:

— Pedro! Meu filho, olhe para a mamãe! Dessa vez ele imediatamente virou a cabeça e, vagamente, olhou para o rosto dela.

Silas a chamou de volta.

Após preencher a ficha do paciente, o médico, muito educadamente, procedeu à narrativa do diagnóstico:

— Estela, o seu filho realmente é portador de um transtorno que compromete o seu desenvolvimento psicológico, motor e dificulta muito a sua interação social. Esse distúrbio é atualmente chamado de Transtorno do Espectro Autista ou autismo.

Tem esse nome porque não se trata de uma doença específica, mas sim de uma série de comprometimentos neurológicos e psicológicos, que levam o indivíduo a ter uma diminuição de sua capacidade de comunicação, aprendizagem e sociabilidade. Será necessário realizarmos alguns exames mais específicos para sabermos o grau da enfermidade, mas pelo que vi aqui e pela minha experiência no assunto, seu filho não tem um grau severo, mas sim que varia de leve a moderado. Acredito que com o tratamento correto, poderá progredir muito. O prognóstico ainda é incerto. Alguns médicos tendem a engessar a vida da criança autista, dizendo à família que ela provavelmente não poderá falar, escrever, trabalhar, estudar, o que torna a dificuldade em lidar com a situação muito mais penosa e acaba atrapalhando o desenvolvimento que a criança poderia vir a ter se fosse corretamente orientada com a terapêutica eficaz.

Compenetrado em suas orientações, o médico continuou:

— O que importa saber neste momento é que sempre há tratamento e nunca certezas sobre o futuro. Tudo dependerá do estímulo que será oferecido à criança e da crença de que ela é capaz de se superar, passo a passo. Por isso, mamãe, não lamente a situação de Pedro. Entenda que ele é apenas uma criança que precisará ainda mais de sua atenção. Como você bem observou, ele tem um mundo próprio e se for preciso decifrar as estrelas para que você possa ganhar o seu filho, não perca mais tempo. Para trazê-lo junto de você, será necessário conquistar uma vaga em seu mundo. Feito isso, o primeiro passo terá sido dado para que ele se sinta parte de nosso mundo. Consegue entender?

— Compreendo, sim, Dr. Silas. O senhor me ajudará?

— Com todo carinho, Estela. Mas saiba que não será fácil.

— Amo este menino e quero fazer tudo o que estiver ao meu alcance para ajudá-lo.

— A primeira coisa que precisa fazer é aceitá-lo como ele é. O resto vem depois – arrematou o bom médico.

Estela estava desolada.

Sabia que a consulta havia terminado, mas ainda era apenas um pequeno passo diante do árduo caminho que teria de percorrer.

Entretanto, estava disposta a lutar. Faria isso por Pedro e por Heitor.

Como decifrar estrelas? Iria descobrir...

CAPÍTULO XVI
Desapego

APÓS o encerramento da consulta, a família despediu--se do Dr. Silas, que se colocou à disposição para acompanhar o caso da criança.

Quando os quatro retornaram à casa, deram a notícia sobre o diagnóstico a Antonio e Laura, que se prontificaram a encaminhar o menino para o tratamento espiritual adequado.

Estela foi ao seu quarto e lá chorou muito.

Não entendia porque a vida lhe castigava tanto, se nada tinha feito de ruim para merecer tal infortúnio.

Aquela sensação de paz de horas atrás cedeu lugar para um sentimento de revolta e desprezo com as Leis Divinas, que são sempre inexoráveis e perfeitas.

Este estado d'alma permitiu que o espírito de Flávio, seu obsessor, conseguisse sintonizar novamente com a sua vítima, por meio das vibrações negativas emanadas por ela.

Do mesmo modo que atraímos almas benevolentes que nos amparam a todo instante, podemos atrair outras entidades menos felizes, dependendo apenas de como mantemos as nossas mentes e vibrações.

Flávio finalmente conseguiu encontrar Estela e, na velocidade do pensamento, viu-se de novo ao seu lado, como fazia antigamente.

"Agora não saio mais daqui", pensou, exultante. "Vou conseguir acabar com ela e com o menino a quem deu à luz".

No entanto, a criatura ignorava que a criança que tanto queria prejudicar era seu amigo Robério.

Estela sentiu uma tristeza ainda maior e uma vontade de largar tudo e ir embora daquela casa, daquela situação que teria de enfrentar.

Nesse momento, Carol entrou em seu quarto.

Percebeu que havia uma energia estranha ali e se aproximou de sua irmã, que estava deitada em sua cama, sem vontade de levantar.

Com muito cuidado para não prejudicar ainda mais o estado emocional da jovem, a caçula afagou os seus cabelos e, serenamente, a consolou:

— Estela, entendo que não deve ser fácil para você lidar com algo tão delicado, mas quero que saiba que todos nós estamos dispostos a encarar esta luta com você. Pedro é meu único sobrinho e o amo muito. Não se deixe abater pelas circunstâncias presentes, pois podemos transformar o futuro, se soubermos agir com amor e muita paciência.

A irmã apenas ouvia, sem esboçar qualquer tipo de reação.

Após uma leve pausa, Carol prosseguiu, confiante:

— Pedro é muito inteligente, é fácil perceber isso nele. Se dermos o estímulo e o tratamento necessários, creio que a sua limitação seja mínima e incapaz de interferir em seu desenvolvimento social e mental. O que não pode é você, como mãe dele, se entregar a esta apatia.

Estela ainda não havia se conformado com tudo o que acontecera.

Intimamente questionava a vida e os acontecimentos ruins que a abateram.

Queria que tudo não tivesse passado de um pesadelo, mas sabia que a realidade estava bem ali, diante de si.

Heitor, que observava tudo, sentiu vontade de ir até Flávio e impedir que ele impregnasse a sua amada com mais energias negativas e pessimistas.

Paulo, que imaginava que isso pudesse acontecer, logo esclareceu:

— Heitor, de nada adiantará travar uma luta com essa entidade. Isso só vai piorar as coisas.

— E o que podemos fazer, Paulo? Se Estela se entregar, Pedro não conseguirá superar a limitação e a reencarnação, para ambos, estará perdida!

— Calma, meu amigo! É necessário ter muita serenidade e paciência para que, no momento certo, todas essas almas sejam convidadas à elucidação durante o sono físico e, com isso, superem algumas contrariedades. Sem a firmeza no bem e a fé em Deus, nada acontecerá.

Heitor se tranquilizou com as palavras do benfeitor.

Carol manteve-se em prece, rogando para que a Espiritualidade amparasse a sua irmã e a envolvesse em energias positivas de coragem e resiliência.

Flávio, que sentia o amor envolver o espírito de Estela, logo se afastou, mas agora sabia onde achá-la e não perderia a oportunidade de atormentar os seus passos.

Como cobradores implacáveis, os espíritos obsessores envolvem aqueles que julgam seus algozes para que sofram tudo o que os fizeram sofrer no passado.

Ignoram, porém, que pagar o mal com o mal em nada mudará o que foi feito, apenas piorará a situação de ambas as criaturas unidas pela mágoa e pelo rancor.

Pensar assim é cometer um grave engano, pois que a vida traz inúmeras oportunidades de reavermos as nossas fraquezas beneficiando outras pessoas que precisam de nosso apoio.

Por outro lado, aquele que é obsedado, por muitas vezes deixa que o obsessor aja livremente, pois no íntimo sente que é devedor e que precisa pagar por isso.

Por essa razão é que obsessor e vítima vivem em uma simbiose de energias, como se um precisasse do outro para sobreviver.

Por isso que, não raras vezes, quando o encarnado procura tratamento espiritual e consegue afastar o seu algoz, ele sente como se tivesse um vazio em sua vida e, inconscientemente, chama novamente o espírito desencarnado, permitindo que ele o acompanhe de novo.

Neste caso, o tratamento deve ser para os dois e não só para o encarnado.

Se ambos aprenderem, o processo de desobsessão será eficaz.

Caso contrário, nunca se acabará.

Estela, mais do que nunca, precisava continuar o seu trabalho no Cantinho da Caridade, pois assim, mesmo sem querer, levaria Flávio consigo. Ele teria a oportunidade de aprender e, quem sabe, construir a sua própria libertação de consciência.

✳

Com muita dificuldade, Estela adormeceu.

Heitor, Daniel e Paulo aguardavam o seu espírito se libertar momentaneamente do corpo físico, para então poderem conversar com ela a respeito de Pedro.

Em poucos instantes, constataram que o seu corpo fluídico já estava se desprendendo do físico e, então, se aproximaram, com muito cuidado.

A executiva, ao avistá-los, se assustou, mas ao reconhecer dentre eles o seu amado, correu em sua direção, buscando o seu abraço.

Heitor retribuiu o gesto e, sem perder tempo, iniciou a palestra:

— Querida, sei de tudo o que está acontecendo. Pedro é um menino iluminado e você perceberá isso com o tempo. Se quer mesmo decifrar as estrelas, terá que se esforçar para isso. O primeiro passo é aceitar a condição da criança. O segundo é descobrir o que ele pensa. O terceiro é fazer com que ele se sinta parte de você. Estrelas são brilhantes e diferentes. Pedro também é assim. É como um diamante, que pode ser facilmente confundido com um simples carvão. No entanto, cabe a quem achar a pedra o trabalho de pacientemente lapidá-la, até que se transforme na gema mais preciosa de todas. Você é a garimpeira. Pedro é a joia que precisa ser lapidada. Se necessário for, largue o trabalho por um tempo, peça uma licença e se dedique à experiência da maternidade, com todo o amor que é capaz de sentir. Vá ao centro, trabalhe, ajude outras mães que passam pelo mesmo problema que você. Quando dividimos a nossa dor com outras pessoas, acabamos auxiliando umas às outras e o peso de nosso fardo diminui consideravelmente.

Heitor parou de falar e contemplou a noiva, que refletia em tudo o que acabara de ouvir.

Paulo aproveitou o momento de serenidade dela e lhe aplicou passes revigorantes, para afastar os miasmas deixados por Flávio que, mesmo distante, assistia toda a cena, contrariado.

Estela fixou os olhos em seu amado e indagou, um pouco incrédula:

— Como posso acreditar que permanece ao meu lado, se quando acordar não lembrarei de nada do que aconteceu aqui?

Ele respondeu, com muito carinho e verdade em suas palavras:

— Meu amor, realmente quando despertamos no plano material dificilmente conseguimos manter a nítida recordação do que nos aconteceu durante a noite. Mas podemos, sim, ter sensações que nos deixam a certeza de que fomos auxiliados. Uns acordam mais felizes, revigorados, como se tivessem sido tratados no astral. Já outros, que procuram caminhos mais sombrios, retornam ainda mais irritados, nervosos e pessimistas. Os sentimentos que temos ao amanhecer nos indicam por qual caminho escolhemos passar durante o sono físico.

Estela sorriu.

Paulo, que acompanhava a conversa, interviu, em tom de advertência:

— Heitor, deixe-a voltar ao leito. Está quase amanhecendo e nossa amiga terá muito trabalho pela frente no dia que se inicia.

O aprendiz obedeceu e beijou a face de sua noiva, levando-a até a sua cama.

✳

Naquela manhã, Estela despertou um pouco diferente do que de costume.

Se aprontou, arrumou o filhinho para ir à escola e desceu para tomar o desjejum.

Sua mãe Laura estava sentada à mesa acompanhada de Carol e, num gesto, convidaram a jovem para sentar-se com elas.

Carol, que percebeu um brilho diferente nos olhos da irmã, questionou:

— Bom dia, minha querida! Está tão bonita! Vai a alguma reunião importante?

Ela pousou a xícara de café no pires e respondeu:

— Não necessariamente. Vou mesmo ter um encontro importante, mas não com um cliente, e sim com o diretor-presidente.

As duas se entreolharam, surpresas.

Estela então prosseguiu:

— Vou pedir uma licença não remunerada. Quero me dedicar a Pedro e minha entrega deve ser completa. Esta noite sonhei que uma linda estrela se destacava no céu e me chamava para subir ao alto. Quando lá cheguei, alguém muito bondoso me entregava um diamante, exuberante e brilhante, mas dizia que ele só seria meu de verdade se eu fosse capaz de deixar o meu mundo para viver ali, naquela estrela. Eu entendi o simbolismo do sonho. Para que eu ajude meu filho, será necessário esquecer de mim, deixar de lado as minhas coisas materiais, para então viver plenamente dentro do seu mundo e, finalmente, fazer com que ele se sinta parte do nosso universo.

Carol e Laura estavam admiradas com a mudança comportamental daquela jovem.

O amor transforma as pessoas.

E a vida só vale a pena quando decidimos amar e nos entregar com toda a verdade neste amor.

CAPÍTULO XVII

Terapia do amor

ESTELA estava decidida a pedir uma licença de seu trabalho e nada a faria desistir de seu propósito.

Ao se aproximar da empresa, a executiva avistou, de longe, Sílvia, que andava perambulando nos arredores. Pensou: "Bem que o pessoal falou que viu essa mulher maluca rodeando a nossa empresa, mas o que será que ela quer agora?"

Saiu de seus devaneios repentinamente, quando ouviu a buzina de outro carro como sinal de advertência.

Tratou de estacionar o veículo rapidamente e logo adentrou à instituição, que tanto amava.

Um calafrio em sua espinha a deixou ainda mais nervosa, mas era necessário resolver a sua situação, para que pudesse se sentir livre e cuidar com todo o carinho de seu filhinho.

Ao ser anunciada, ela tratou de fazer uma prece íntima, rogando a Deus que a iluminasse em suas palavras.

O diretor-presidente, após os cumprimentos formais, convidou a jovem para sentar-se e, sem mais delongas, o gestor questionou, em tom sério:

— Estela, o que faz aqui? Estranhei quando a minha assistente me informou sobre esta audiência, às pressas. O que está acontecendo? Algum problema em seu setor?

Um tanto tensa, ela respirou fundo e respondeu, com a voz embargada:

— Não, senhor, com o meu trabalho está tudo bem. O que me trouxe aqui é um motivo pessoal.

Esboçando certa contrariedade com a causa da reunião, o executivo replicou, em tom arrogante:

— Desculpe, mas não tenho tempo para perder tratando de assuntos pessoais de empregados. Esse tipo de questão deve ser resolvida no departamento pessoal.

Estela ruborizou de raiva.

"Para quê tanta soberba, se o destino de ricos e pobres é o mesmo?"— pensou.

Mais nervosa ainda, ela retrucou:

— Meu filho de apenas cinco anos foi diagnosticado com transtornos psicológicos sérios, que necessitam de acompanhamento integral, pelo menos até que a doença se estabilize. O que vim pedir ao senhor é uma licença não remunerada, de pelo menos um ano. Preciso muito me dedicar ao meu filho e não queria perder o meu emprego. Em nome de tantos anos de trabalho nesta empresa, imploro que me dê essa oportunidade.

Ela estava com lágrimas em seus olhos, mas tentava se controlar ao máximo.

O homem, por outro lado, permanecia insípido, olhando para ela.

Um silêncio se estabeleceu entre os dois, por alguns instantes, mas para Estela parecia uma eternidade.

Após pensar e fixar novamente a interlocutora, o superior lhe dirigiu a palavra, imprimindo certa frieza na fala:

— Estela, infelizmente não posso conceder o que me pede. Trabalhamos em uma empresa que aufere lucros e a saída de uma diretora, ainda que não remunerada, trará prejuízos à instituição. Não somos uma "casa de caridade" para ajudar funcionários com problemas pessoais. Se autorizar você, terei de abrir exceção para todos e isso não seria nada bom. Sinto muito, mas se quiser cuidar de seu filho, terá que pedir a sua dispensa. Temos muitos funcionários que dariam o próprio sangue pela sua vaga e não posso segurar o cargo para você, se nada fará pela empresa durante o seu período de afastamento. Seu pedido está negado.

A jovem, como num filme, viu toda a sua carreira passar diante de seus olhos, desde o primeiro dia em que adentrou aquelas dependências, até quando, por uma fatalidade do destino, tornou-se a diretora que tanto queria ser.

E justo no momento em que mais precisava, a empresa lhe dava as costas, como se nada significasse para a instituição.

Passados alguns instantes, ela levantou a fronte e, num ato inusitado, arrematou:

— Pois considere a minha demissão a partir de agora. Passarei no departamento pessoal assim que sair daqui para formalizar o ato. De qualquer modo, obrigada pela sua atenção!

O executivo se surpreendeu, mas não se deixou abater.

Fez apenas um sinal afirmativo com a cabeça e sinalizou para a porta, sugerindo que Estela deixasse a sua sala imediatamente.

Ela entendeu o recado e assim o fez.

Estava decepcionada com a forma como foi tratada pelo seu superior, mas de certo modo conhecia o mundo corporativo e sabia que os interesses capitalistas sempre se sobrepõem aos problemas pessoais dos funcionários, que ironicamente são os únicos que colaboram para a riqueza da empresa.

Após as providências para a sua demissão, ela seguiu o rumo de sua casa, desolada.

Sabia que tinha feito o que deveria fazer, mas estava triste por ter que escolher entre a sua carreira e o seu filho.

Chegando ao lar, tratou de contar tudo aos seus pais, que apoiaram a decisão da filha mais velha.

Passadas algumas horas, resolveu buscar o filho na escola, o que nunca tinha conseguido fazer.

Chegando lá, Pedro estava um tanto cabisbaixo e ela questionou à professora:

— Oi, eu sou Estela, mãe de Pedro. O que ele tem, por que está tristinho?

— Muito prazer, sou Juliana, a professora dele. Pedro não acompanha os outros alunos e fica nervoso com sua falta de habilidade. Soubemos recentemente de seu diagnóstico e, infelizmente, a escola não tem estrutura para abrigar o seu filho. Iríamos mesmo convocar uma reunião com a senhora para lhe comunicar a respeito.

— O que quer dizer? Que meu filho não pode conviver com as outras crianças? Que ele deve ser excluído, é isso?

— Não é bem isso. É que as crianças de nossa escola têm um certo padrão e Pedro, infelizmente, não está apto a continuar frequentando as aulas...

Num rompante de nervosismo, Estela apertou o filho contra o peito e respondeu, com tom alterado:

— Padrão? Não sabia que crianças tinham que ser iguais! Realmente, vocês não estão mesmo preparados para cuidar de meu filho. Ele é tão especial, que pessoas comuns não tem mesmo aptidão para entender a sua personalidade. Podem ficar tranquilas. A partir de amanhã, ele não mais virá.

Juliana ainda tentou contemporizar, mas Estela a deixou falando sozinha e saiu, a passos largos.

Quando foi colocar o menino no carro, ele a olhou fixamente nos olhos, o que quase nunca ele fazia, e enquanto sorria para ela, balbuciou:

— Mamãe....

Ela não conteve as lágrimas.

Raramente ele falava e quando o fazia, eram apenas palavras repetidas, sem nexo.

Mas agora ele a olhou e a reconheceu como a sua mãe.

Não havia cargo, trabalho ou nada que pudesse compensar tamanha alegria. Precisava voltar logo e contar a novidade à sua família.

*

Carol e Laura se emocionaram quando souberam do ocorrido na escola.

Estavam impressionadas com a mudança comportamental que Pedro provocou em Estela.

Ao anoitecer, a jovem pensou em como poderia interagir com o filho, enquanto Heitor, que a acompanhava, procurava sugerir-lhe palavras de incentivo e apoio.

Ainda sem saber como poderia participar mais ativamente do mundo de seu filho, resolveu procurar por meio da internet relatos de mães de crianças autistas e o que elas faziam para amenizar o transtorno dos pequenos e poder enquadrá-los no meio social.

Viu que existia uma amplitude de tratamentos médicos, psicológicos e até uma gama de voluntários que ofereciam terapias com resultados incrivelmente satisfatórios.

Ficou animada em saber que não era a única a enfrentar um desafio tão delicado e constatou que buscar apoio em pessoas que passam por situações semelhantes traz de volta a esperança e o bom ânimo de prosseguir na luta.

Após horas de pesquisa, deixou que o sono a arrebatasse.

Neste momento, o espírito Paulo se aproximou de Estela e aguardou que ela se desprendesse momentaneamente de seu corpo físico.

Juntamente com Daniel e Heitor, todos iriam visitar uma colônia espiritual que cuidava especialmente de crianças portadoras do Espectro Autista no além, auxiliando-as no prosseguimento do tratamento do transtorno, mesmo após o desencarne.

As doenças da alma, que se manifestam nos corpos materiais, não desaparecem com a morte física.

Os indivíduos que passam para o plano espiritual nessa condição, de acordo com a vontade e o merecimento de cada um, continuam sendo tratados por médicos espirituais para que os efeitos da patologia sejam dirimidos do perispírito, a fim de, numa próxima existência, lograrem um corpo saudável.

A jovem mãe, quando recobrou a consciência após se desprender temporariamente do invólucro carnal, logo reconheceu os rapazes, principalmente o noivo.

— O que fazem aqui? – indagou curiosa.

Paulo logo tratou de esclarecer a sua assistida sobre o que ocorreria nas próximas horas.

— Querida amiga, vamos visitar uma colônia espiritual chamada carinhosamente pelos seus frequentadores de "Um amor especial". Lá são tratadas crianças autistas e seria interessante para você verificar os mais variados tipos de tratamento utilizados pelos nossos benfeitores do astral. Podemos ir?

— Claro — alegrou-se a jovem — não vejo a hora de poder conversar com alguém que passa pelo mesmo desafio que eu e meu Pedro.

E sem mais delongas, os quatro amigos dirigiram-se à colônia, que ficava bem próxima à crosta terrestre.

Ao chegar, se depararam com um portão florido e colorido que dava acesso a um grande salão, sustentado por colunas de mármore, todas decoradas com laços de fita de cetim azul, cor que simboliza o autismo na Terra.

Dentro do local, havia várias salas, à semelhança de uma grande clínica, sendo cada uma delas identificada com uma finalidade específica.

Não era possível ver claramente, mas se ouvia os sons das crianças que, junto com os professores, aprendiam como se comunicar adequadamente.

Para supresa de Estela, quem veio receber o grupo foi o Dr. Silas, que se apresentou bastante iluminado e com um brilho no olhar diferente do que tinha quando mergulhado na matéria.

Estela ficou estarrecida e logo concluiu:

— Não é possível... Dr. Silas, o senhor nos deixou?

Todos riram do nervosismo da jovem, que não entendeu como o médico de Pedro estava ali, se até então ele não havia "morrido".

O bondoso profissional, após achar graça da situação, esclareceu:

Decifrando estrelas

— Estela, que bom revê-la. Não se assuste, pois a minha missão na Terra continua. Eu sou coordenador desta colônia antes mesmo de ter retornado à matéria e, sempre que posso, continuo colaborando com os trabalhos durante as poucas horas de sono físico.

— Ah, que susto! – exclamou, agora mais aliviada, a nova visitante.

Após os cumprimentos e para que não se perdesse mais nem um segundo, o cicerone mostrou a todos as alas de tratamento das crianças.

Estela, cada vez mais interessada no assunto, não parava de perguntar:

— Doutor, o que posso fazer para me aproximar de meu filho?

O médico, sempre afetuoso, respondeu:

— Quando nos falamos na Terra, eu te disse que primeiro deveria aceitar a condição dele e vejo que já aceitou. Agora, é preciso entrar em seu mundo, para que ele se sinta parte do nosso. Aqui nós temos terapias diversas que auxiliam as crianças autistas a entenderem o que fazem no mundo e como interagir com as outras pessoas, sem se sentirem agredidas por elas. Uma dessas terapias é a do amor.

O médico detalhou o que queria dizer:

— A criança autista, diversamente do que parece, não está alienada do que acontece ao seu redor. Ela observa tudo e todos e, na sua solidão, tira as conclusões do que viu e ouviu. O diálogo com eles, de forma amável e segura, é o primeiro passo para quebrar este isolamento, que tanto

209

fazem questão de cultivar. Mesmo que pareça, no início, que está falando sozinha, insista e verá que o seu filho, quando menos esperar, te responderá. O laço amoroso entre a mãe e o filho é o primeiro a se estabelecer para o autista, que, a partir daí, se sentirá confiante em sair um pouco de si mesmo em direção ao outro. Por isso, ganhar a confiança deles é imprescindível para o sucesso do tratamento.

Estela ouvia atentamente as explicações de Dr. Silas quando avistou algumas crianças em uma sala sendo cuidadas por uma linda jovem, que lembrava muito a sua irmã.

Antes que pudesse concluir os seus pensamentos, viu que entre as crianças estava Pedro e constatou que a jovem cuidadora era, de fato, Carol.

Paulo percebeu que Estela não entendia mais nada e logo tomou a palavra:

— Antes de trazermos você aqui, convidamos a sua irmã para visitar a colônia, a fim de te auxiliar no tratamento de Pedro. Ela gostou tanto que, de vez em quando, durante o sono físico, ajuda nos trabalhos com os assistidos. Já o seu filho, ele ainda resiste um pouco ao tratamento, mas temos fé que, com a sua ajuda, logo ele aceitará o carinho dos benfeitores.

— Mas as crianças que se tratam aqui não estão mortas? – questionou a visitante.

Heitor, que ainda não tinha dito nada, fez questão de elucidar a noiva:

— Não, Estela. Esta colônia cuida de crianças desencarnadas, mas também das que estão encarnadas, reforçando a terapêutica física. O tratamento médico, quando unido ao espiritual, é capaz de operar verdadeiros milagres.

— Nossa, Heitor! Como tudo é muito mais amplo do que imaginamos!

— Sim, porque Deus é infinitamente bom e justo e não desampara nenhuma de suas criaturas.

O diálogo prosseguiria, mas Paulo, que já sabia do adiantado da hora, tratou de rapidamente se despedir de todos e levar as meninas de volta à casa.

Capítulo XVIII

Reajuste de almas

FLÁVIO estava bastante nervoso com a sua obsedada, que agora vivia sob a proteção dos espíritos superiores e do noivo desencarnado.

Precisava achar um jeito de atingi-la novamente.

Resolveu buscar Sílvia de novo, quem sabe ela ainda lhe seria útil?

Não foi difícil para a entidade desorientada encontrar a sua cúmplice.

Sílvia, que estava muito diferente do que era, precisava urgente de tratamento médico, pois as feridas que adquiriu em decorrência da prostituição a que se entregou estavam em estágio bem avançado.

Novamente Flávio se apoderava da mente de sua vítima, a fim de usá-la contra Estela.

Porém, o que a entidade não sabia é que para tudo há limites, inclusive para o mal.

Estela, que já estava com sentimentos muito mais nobres, não cederia mais às investidas do espírito obsessor, porque vibrava em outra frequência.

✳

Estela, após tomar o desjejum, sentia algo vibrar em seu coração.

Olhou para o filho pequeno, que pouco se comunicava, e percebeu que ela teria que ajudá-lo, independentemente de qualquer coisa.

O tempo foi passando, suas pesquisas na internet renderam frutos e logo a comunicação com outras mães de crianças autistas tomou forma e virou rotina em sua vida.

Em reuniões pontuais ocorridas em uma pequena sala do Cantinho da Caridade, Estela e as mães de crianças autistas trocavam confissões, desesperos, experiências e alegrias a cada superação das crianças.

Incentivada por essa troca de experiências, a jovem então passou a dialogar mais com o seu filho, o levava em passeios, parques, zoológicos e o tratava como qualquer criança de sua idade.

Aos poucos, ela percebia que o garoto começava a se soltar mais, a sorrir e já não mais aparentava ser aquela criança triste e evasiva de outrora.

O menino se esforçava para demonstrar, mesmo com certa dificuldade, que gostava daquela aproximação.

✳

Decifrando estrelas

Era dia de trabalho no Cantinho da Caridade e para a alegria de todos, o Dr. Silas, que além de médico de Pedro se tornou um dos importantes trabalhadores do centro e um grande amigo de toda família, estaria presente para dar uma palestra sobre o autismo.

Carol, Laura, Antonio, Lúcio e Estela prepararam o local com muito carinho para garantir que a exposição fosse um sucesso.

Todas as mães que Estela mantinha contato foram convidadas para o evento.

Pedro permaneceria sob os cuidados de uma evangelizadora voluntária, até o final da explanação.

O Cantinho da Caridade nunca esteve tão cheio.

Estela estava exultante de alegria e nem percebeu que a sua ex-amiga Sílvia, acompanhada pelo espírito obsessor Flávio, também estava presente na reunião.

Um pouco assustado com a presença dos algozes de sua amada, Heitor questionou ao amigo benfeitor:

— Daniel, porque deixou Sílvia entrar, ainda mais ao lado de Flávio? Que eu saiba, os centros espíritas possuem seguranças que impedem a entrada desses espíritos obsessores. Isso não poderá acarretar problemas?

O amigo, muito cordial, respondeu:

— Tem razão, Heitor, geralmente em casas espíritas sérias, quando necessário, os obsessores dos frequentadores são retidos na entrada do centro, a fim de possibilitar que os obsedados possam, ao menos por alguns minutos, estarem livres de sua influência perniciosa e aproveitarem o máximo do tratamento espiritual. Porém, existem situações em que é preciso esclarecer e situar o obsessor para que também seja auxiliado. E hoje é um bom dia para que Flávio inicie a sua doutrinação e, por consequência, beneficie Sílvia que, de igual modo, carece de sérios tratamentos. Ela é tão vítima quanto Estela, terá a oportunidade de se conscientizar dos erros que cometeu e, quem sabe, confessar às autoridades policiais o ato criminoso do qual foi autora.

O interlocutor, que ainda desconhecia detalhes do acidente de automóvel que o vitimara, replicou curioso:

— Ora, então Sílvia, além de tumultuar a minha relação com Estela, foi capaz de cometer crimes? O que ela fez?

Daniel, que já esperava pela pergunta e ciente de que o seu assistido já estava apto a saber de toda a verdade, iniciou a narrativa esclarecedora:

— Heitor, eu e Paulo decidimos que não contaríamos a você os motivos que o trouxeram de volta ao plano espiritual tão precocemente até que se encontrasse preparado para lidar com a verdade, sem manter sentimentos destrutivos e inferiores. Agora você já tem esclarecimento suficiente para entender o que vou te contar...

Heitor, que demonstrava grande expectativa sobre o relato, aguardava ansiosamente a narrativa do mentor. Daniel, então, iniciou sua fala:

— Heitor, como você já sabe, Sílvia esteve o tempo todo influenciada por Flávio, que a usou para atingir Estela, a sua grande "vítima". Assim como Robério, que hoje vive como Pedro, Flávio foi enganado por ela no passado e, loucamente apaixonado, ele desencarnou nutrindo o desejo da vingança. Após alguns anos de procura, ele encontrou a ex-amada novamente encarnada e junto a ela permaneceu com o intuito de cobrar o mal que ela teria lhe causado. Mas ele não logrou êxito. Aproveitou-se, então, de seu ponto mais fraco, a ambição, usando como instrumento a sua melhor amiga para insuflar-lhe pensamentos infelizes. Porém, Heitor, quando Flávio percebeu que Estela decidira romper com todos os seus sonhos materiais para viver um romance com você, ele influenciou Sílvia para que, num ato extremo, cortasse os cabos de freio de seu carro para tirar-lhe a vida e frustrar, para sempre, qualquer felicidade da mulher que um dia lhe prejudicou. Sílvia, que se deixou dominar pela criatura, já que vibrava em sintonia semelhante, não hesitou em cometer o ato infame, cultivando para si mesma uma vida cheia de doenças e transtornos mentais, vivendo hoje em lamentáveis condições.

Daniel fez uma pausa e contemplou o amigo, que chorava copiosamente.

Antes que Heitor pudesse falar das impressões que aquelas revelações lhe causaram, Dr. Silas tomou à frente da tribuna, para iniciar a aguardada palestra da noite.

O jovem médico, assistido pelo espírito Paulo, iniciou a narrativa consoladora:

— Queridos irmãos e irmãs, que a paz de Cristo nos abençoe. É com muita satisfação e honra que nesta noite trago a todos vocês um tema muito interessante para refletirmos juntos: o autismo. Sou médico pediatra neurologista e todos os dias atendo mães aflitas em busca de tratamento e cura para os filhos diagnosticados com o Transtorno do Espectro Autista. Para que a nossa reflexão seja produtiva é importante iniciarmos a nossa explanação desmistificando algumas informações que comumente as pessoas acabam tomando como verdadeiras. Primeiro, é necessário esclarecer que o termo "autista" é utilizado para definir o Transtorno do Espectro Autista que, ao contrário do que se diz, não se trata de uma doença propriamente dita, mas sim de vários ou alguns transtornos de linguagem e sociabilidade que se manifestam nos indivíduos e são constatados por exames específicos e pela observação concomitante de alguns sinais característicos, como por exemplo, quando não olham nos olhos de outras pessoas, não interagem com a família e optam sempre por estarem sozinhos. Atualmente, o diagnóstico do transtorno pode ser bastante precoce e, quanto mais cedo for iniciado o tratamento, grandes são as possibilidades de êxito do paciente em superar tais limitações.

Fazendo breve pausa e observando a atenção da plateia para com suas palavras, Dr. Silas prosseguiu com segurança e passando seus conhecimentos:

— Importa destacar que, segundo a Doutrina Espírita, antes de reencarnarmos neste plano, somos espíritos milenares, com bagagens boas e não tão boas, que acabam repercutindo também em nosso modelo organizador biológico. No caso dos autistas, a literatura doutrinária espírita nos traz muitas elucidações sobre a origem do transtorno na visão espiritual, mas em determinadas hipóteses, tratam-

Decifrando estrelas

-se de espíritos[4] que não gostariam de voltar à matéria e, quando reencarnam, esta repulsa também pode acabar se tornando um motivo para a solidão e a negação persistente de participar de um mesmo conjunto social. Tal condição, ao contrário do que parece, não é maléfica para o espírito, pois, enquanto portadores de referida limitação, são convidados a retomarem o próprio equilíbrio e a mergulharem novamente em seu "eu", a fim de restabelecerem a consciência sobre si mesmos e, com isso, trabalharem em sua própria evolução, como um ser único, criado por Deus. Por vezes preferem não ser vistos, optam pelo isolamento e tem dificuldade em demonstrar afeto pelos seus cuidadores. Porém, ao tirar essa "máscara", o indivíduo, em sua natureza, é muito mais sensível e amoroso do que tenta aparentar e, devido a sua dificuldade em expressar os seus sentimentos, precisa ser cuidado com o dobro de amor e afeto. Aliás, quando as mães aflitas me questionam sobre qual terapia é a mais indicada, eu costumo responder que a terapêutica mais eficaz e sem contraindicação é a do amor. O amor se constitui na aceitação do ser à maneira como ele é e na constante vontade de ajudá-lo em sua própria superação. Por vezes, quando incentivados, os autistas são os que mais superam limites, quebrando barreiras que, muitas vezes, são tidas como instransponíveis pela medicina.

— É muito comum ainda – continuou o médico — ouvir dizer que eles são seres muito inteligentes e isso é

---

4. Para estudar mais profundamente sobre o tema, sugerimos a obra intitulada "Os poderes da mente", de Suely Caldas Schubert.

verdade. Mas utilizam essa inteligência também como fuga de si mesmos, pois tentam suprir de um outro modo a grande dificuldade que possuem de interação com os outros. E o maior desafio dos seus cuidadores é demonstrar para eles que sim, é possível fazer parte de um mesmo mundo, ainda que queiram manter-se em um outro universo solitário e paralelo. Por isso não indico, a não ser que o quadro seja mais severo e o tratamento assim o exija, que as crianças portadoras do Espectro Autista frequentem escolas e locais destinados somente a elas. Isso faz com que sejam excluídas da sociedade, quando o que mais necessitam é de inclusão social.

Bondoso, mas firme em suas palavras, Dr. Silas orientou e partiu para a última parte de sua palestra:

— Não é motivo de vergonha ter um filho autista. Pelo contrário. Só aqueles que tem um em casa sabem o quanto eles nos ensinam, diuturnamente. Aprendemos que o simples basta, que só um sorriso deles já é uma baita de uma recompensa, sobretudo quando estamos naqueles dias de exaustão e vontade de desistir. Não devemos dar margem a preconceitos ou estigmas, mas sim, cada vez mais iluminar o nosso olhar, a fim de enxergarmos as inúmeras virtudes que estes indivíduos possuem, muitas vezes em maior número do que as de uma criatura rotulada como "normal". Aliás, será que estamos em condições de diferenciar o que é normal do anormal? O que existem são limitações, que podem e devem ser trabalhadas, mais nada. De resto, o autista é uma criatura sensível, inteligente e muito amorosa. Quem é agraciado com um filho em tais condições recebe de Deus um convite à mudança de vida, de valores, de conceitos tão erroneamente estabelecidos pelo egoísmo que ainda assola a nossa humanidade. E ainda ganham a oportunidade de poder auxiliar um espírito rumo ao reencontro de si mesmo. Por isso, somente pais especiais merecem filhos especiais. Se eles escolheram vocês, sintam-se abençoados. Não é para qualquer um a missão de educá-los e torná-los pessoas dignas de uma vida de amor, igualdade, respeito e superação. Que Deus ilumine a todos. Muito obrigado.

O médico expositor, após enxugar o suor de seu rosto, foi ovacionado pelos ouvintes do centro.

Em outro ponto do salão, Heitor, agora mais recuperado do impacto das revelações feitas por Daniel, questionou ao protetor se poderia ter com Sílvia, enquanto ela estivesse em seu sono físico.

O amigo espiritual gostou da ideia e naquela mesma noite providenciaria para que o reajuste de almas pudesse ser concretizado.

Paulo, após o auxílio ministrado aos frequentadores do centro, se juntou aos dois e todos seguiram Sílvia, que ainda estava sob a vigilância de Flávio.

Sem um lar, ela parambulava pelas ruas e dormia quase sempre ao relento.

A noite era alta quando a andarilha se encostou em um banco de uma praça e adormeceu.

Heitor, que aguardava ansiosamente o momento do espírito da moça deixar o seu corpo, foi surpreendido por Flávio, que agressivamente lhe inquiriu:

— O que quer com ela? É minha vítima, sabia?

— O meu assunto não é com você, mas saiba que nada vou fazer para prejudicá-lo — replicou Heitor.

Antes que o embate prosseguisse, Sílvia, agora fora do corpo, empalideceu quando avistou Heitor e, tresloucadamente, passou a gritar:

— Veio me buscar? Eu te matei sim, mas não faça nada comigo!! Olha como estou agora, nas ruas, doente! Me deixe em paz!!

Heitor apenas a observava e viu que ela própria tinha atraído os piores infortúnios para a sua vida.

A Lei de Ação e Reação é certa e não há como escapar do resultado de nossas atitudes.

Ele tinha muitas coisas a dizer a ela, mas resolveu não fazer nada.

Antes de ir embora, apenas fez uma recomendação àquela que tirou a sua vida física:

— Sílvia, não vim lhe cobrar nada. Já sofre o suficiente. Para amenizar as suas dores, apenas confesse o crime e responda perante a lei dos homens, porque se nada fizer nesse sentido, a sua pena perante as Leis Divinas será ainda mais cruel, uma vez que a nossa consciência é o nosso maior juiz. Faça isso e procure ajuda espiritual. Quanto a mim, eu te perdoo. Fique em paz.

Após dizer as breves palavras, Heitor e os amigos se afastaram do local.

Quando perdoamos, libertamos a nossa consciência e possibilitamos ao agressor que reconstrua os seus passos para que ele possa ir em busca de sua própria libertação.

CAPÍTULO XIX

Um amor especial

ESTELA estava muito empolgada e agora não deixava de se reunir periodicamente com as outras mães que passavam por situação semelhante a sua.

Alguns anos haviam se passado desde a primeira consulta com o Dr. Silas, que dias atrás lhe sugerira que fosse aberta uma ONG — Organização Não Governamental, dentro do Cantinho da Caridade, para atendimento espiritual e médico de crianças com a Síndrome do Espectro Autista.

Ele inclusive se comprometeu a tratar de todos sem nada cobrar.

Ela ficou de pensar no assunto.

Carol, que adorou a ideia, estava muito ansiosa para saber qual seria a decisão da irmã e ofereceu todo o apoio necessário para concretizar esse sonho.

Antonio, Laura e Lúcio também estavam de acordo e se prontificaram a recolher donativos para ajudar na abertura da ONG.

A única coisa que ainda magoava Estela era o fato de nunca ter recebido uma mensagem psicografada de seu noivo, mesmo tendo vagas lembranças de alguns sonhos em sua companhia.

Olhou para Pedro, que agora contava com 12 anos de idade e constatou, com muita alegria, como aquela criança havia progredido.

Ele agora era mais alegre, gostava de ficar na presença de outras crianças e praticamente conseguia se comunicar com palavras e não mais com gestos.

*

O menino, que olhava fixamente para as estrelas do papel de parede no teto de seu quarto, não se assutou quando viu um homem, de semblante amoroso e paternal, lhe vigiando.

Achando que fosse alguém de sua família, a criança esboçou um sorriso e continuou a olhar para as estrelas.

Heitor, que pressentia que a sua missão junto daqueles a quem amava estava prestes a terminar, contemplava embevecido o filhinho, que nunca teve a oportunidade de abraçar fisicamente.

Ficou um pouco temeroso quando viu que o garoto havia registrado a sua presença, mas sabia que algumas crianças conservavam a faculdade de enxergar além dos olhos físicos.

Decifrando estrelas

Aproveitou a oportunidade para iniciar uma conversa com o filho:

— Pedro, você está bonzinho? Gosta de estrelas?

Por um momento a criança não respondeu e continuou entretida com as figuras do espaço.

Heitor insistiu:

— Pedro, gosta mesmo de estrelas, não é?

O menino, surpreendentemente, virou-se para o pai e mesmo sem saber quem ele representava em sua vida, respondeu:

— As estrelas me entendem.

Curioso com a resposta do menino, o jovem desencarnado continuou:

— Como sabe que as estrelas te entendem?

— Porque, mesmo na solidão do espaço, elas não param de brilhar.

— E você tem algo em comum com as estrelas?

— Sim, porque também brilho em minha própria solidão.

— E prefere ficar sozinho?

— Às vezes, sim. Outras queria ser como uma criança normal, mas ainda não consigo.

— Você é muito especial, sabia?

— Minha mãe fala a mesma coisa.

— Um dia te levarei para ver as estrelas, de pertinho – arrematou Heitor, com lágrimas a escorrer pela sua face.

Num gesto repentino e muito raro, a criança olhou dentro dos olhos do pai, sorriu e disse:

— Eu vou te esperar.

Heitor acenou para o menino, que logo voltou a se isolar.

Ele pensou em como gostaria de poder participar de perto da educação de seu único filho, mas estava resignado.

Afinal, nada acontece sem a permissão de Deus.

Imerso em seus pensamentos, não percebeu quando Paulo e Daniel se aproximaram para dar-lhe um recado muito importante:

— Heitor, prepare o seu coração. Temos uma grande notícia para você.

— Não me matem de curiosidade, o que houve?

— Bom, a primeira delas é que você superou todas as expectativas durante este tempo em que foi autorizado a permanecer na Terra e, por isso, ganhou outros méritos.

— Como assim, Paulo? De que méritos está falando?

— Ora, o que mais deseja, senão escrever à Estela? Pois seu clamor foi atendido e poderá ditar uma carta para a sua amada!

Os olhos do jovem se encheram de lágrimas novamente. Que emoção poder falar para a sua noiva o quanto a ama.

Antes que ele pudesse processar a informação, o benfeitor prosseguiu:

— E não é só isso. Depois de ditar a mensagem, seu tempo aqui no orbe estará encerrado.

Estela e seu filho estão muito bem encaminhados e poderão, de agora em diante, prosseguir em suas missões de amor e perdão recíprocos.

Já você, continuará seu trabalho no Plano Maior e terá autorização para visitar os seus, de vez em quando.

Heitor já sabia que deveria se despedir. Mas não ficou triste, pois estava em paz.

Respirou fundo e perguntou ao amigo:

— E quanto a Flávio e Sílvia? Não podemos ao menos tentar encaminhá-los para um centro espírita, a fim de serem auxiliados?

Paulo, sempre afável, esclareceu:

— Sim, podemos. Mas antes de tudo, é necessário que eles queiram. Ninguém interfere no livre-arbítrio do outro. Se desejarem ajuda, logo serão atendidos. Por ora, não temos muito a fazer nesse caso.

— Entendo. Tem razão. Mas, quando poderei escrever a carta?

— No dia da inauguração da ONG de Estela.

— E como sabe que ela vai realmente fundá-la?

— O seu coração já decidiu. Espere e verá.

Heitor sorriu, satisfeito. Sentia muito orgulho de sua amada.

✳

Em outro canto da cidade, Flávio não suportava mais viver junto com Sílvia, que não mais cedia às suas investidas.

Ela havia enlouquecido e não lhe seria mais útil.

Como prosseguir com seu plano de vingança agora?

Só se fosse no Cantinho da Caridade. Porque somente ali poderia ficar junto de Estela, o tempo inteiro.

Decidiu que seguiria para lá o quanto antes. Não poderia mais perder tempo.

Estela estava organizando a sala da palestra daquela tarde.

Seu filhinho agora não mais reclamava de ficar com as outras crianças, mesmo ainda se isolando um pouco.

Havia aceitado a ideia de fundar a ONG, com a condição de ser a sua responsável direta, juntamente com o Dr. Silas.

Ela sabia que, além de si e de seu próprio filho, muitas pessoas seriam beneficiadas com este trabalho tão importante.

Por isso, a jovem se sentia tão feliz que sequer registrou a presença de Flávio, o seu obsessor de outrora.

A criatura tentava insistentemente desvirtuá-la de seus nobres ideais, mas não estava obtendo êxito.

Achou melhor ficar no local até o término dos trabalhos, para então tentar novamente desarmonizar a sua vítima.

Carol seria a expositora daquela tarde e, ao final, teria a grande honra de anunciar a todos os frequentadores a abertura da ONG no próximo mês.

Muito concentrada e assistida pelos patronos espirituais da casa, a bela trabalhadora iniciou a exposição do tema, intitulado A Lei do Retorno.

— Queridos companheiros de ideal, que o Mestre Jesus nos ilumine nesta tarde de luz. O tema que trago para nosso estudo e reflexão é comum a todos nós, eis que ninguém está livre de responder pelos próprios atos.

Cedo ou tarde, a Justiça Divina nos alcança a fim de nos cobrar, ceitil por ceitil, o que devemos a ela. Deus, em sua infinita misericórdia, nos concedeu o livre-arbítrio para que tivéssemos a faculdade de escolher nosso caminho e sermos responsáveis por nossas atitudes a fim de crescermos por meio de nosso próprio esforço. Porém, a cada escolha efetivada, existe uma consequência, boa ou ruim, que dependerá da ação que praticarmos. Se optarmos pela estrada de espinhos, o que nos espera será a dor. Mas se a nossa opção for trilhar pelo caminho das flores, receberemos o seu perfume. Logo, não existem vítimas e nem algozes, somente a ação praticada e o retorno de suas consequências.

Esclarecendo melhor o importante tema, Carol explicou:

— Hoje fazemos mal a alguém. Amanhã, este alguém nos cobrará a dívida, julgando-se credor. Esquece, porém, que também caiu um dia e que possui credores que virão, de igual modo, cobrar-lhe a paga devida. Isto porque a humanidade é imperfeita e ninguém está a salvo de equívocos e desastres de toda a sorte. Se um dia fomos ofendidos e humilhados, não nos cabe nos apropriarmos da clava da Justiça, batendo-a contra quem nos golpeou. Antes de tudo, temos que pensar no quanto somos equivocados e como também já ofendemos e humilhamos outros irmãos de jornada. Diante de ofensas e injustiças, não nos cabe o julgamento. Se fomos ultrajados, devemos pensar em quantos ultrajes nós fizemos primeiro. As supostas injustiças que nos vitimam, não passam de resposta às nossas próprias atitudes.

— O que devemos fazer sempre – esclareceu ela — é confiar em Deus, que certamente nos guiará por caminhos mais felizes. Ninguém escapa da lei do retorno, mas isso não significa que estamos fadados ao sofrimento. Pelo contrário. Fomos criados para a felicidade, que somente será conquistada se nos desapegarmos dos males que ainda nos afligem o espírito. E o hábito de fazer justiça com as próprias mãos, ao invés de nos libertar do sofrimento, nos acorrenta ainda mais às pessoas e situações que queremos esquecer.

E finalizou:

— Deixemos em paz quem nos fez sofrer, para que a paz também seja nossa companheira. Em nossas orações, é prudente pedir sabedoria a Deus, para que nos guie em nossas escolhas, a fim de que nossa colheita seja farta de esperança, tranquilidade e alegrias. Depende de nós sermos felizes ou amargurados, vitoriosos ou fracassados. Nem sempre é possível controlar o que nos acontece, porque na roda das reencarnações, adquirimos débitos que ainda não mensuramos, mas a maneira com a qual vamos reagir a tais situações é sempre uma opção nossa. Que possamos sair daqui refletindo em como estão as nossas escolhas de vida. Que assim seja, graças a Deus.

Após terminar a esclarecedora explanação, Carol se dirigiu a todos os presentes, em tom de contentamento:

— Queridos amigos, é com muita alegria que, em nome da família do Cantinho da Caridade, informo a todos vocês que no próximo mês fundaremos aqui neste mesmo espaço uma ONG para atendimento e apoio às crianças autistas e a todos os seus familiares que, por sugestão do plano espiritual, será chamada de "Um amor especial". A nossa querida companheira Estela, juntamente com o médico, Dr. Silas, serão os seus patronos. A data da inauguração será oportunamente informada e todos vocês estão convidados para conhecer a mais nova instituição assistencial de nosso Cantinho. Neste mesmo dia, haverá normalmente a sessão de psicografia mensal. Um ótimo fim de semana a todos e que Deus os abençoe.

Todos aplaudiram e nem repararam que, além dos encarnados, um grupo de amigos espirituais também festejava alegremente, prontos para iniciarem o tão esperado auxílio em mais um trabalho abnegado em nome de Jesus.

CAPÍTULO XX

Redenção

FLÁVIO ficou muito mexido com as palavras de Carol. De fato, desde que desencarnou, não fez outra coisa senão perseguir a sua vítima.

Há quantos anos estaria ali, estagnado? Não se recordava mais.

Perdeu tanto tempo, em vão.

Estela estava bem, feliz, envolvida com vibrações muito superiores a sua e não conseguiria mais influenciá-la.

O que faria de sua própria vida?

Paulo, que observava o espírito obsessor a uma certa distância, percebeu a sua vulnerabilidade e resolveu se aproximar.

Com muito cuidado, abordou a criatura, que estava pensativa:

— Olá, está se sentindo bem?

Flávio, que foi surpreendido pelo chamado inesperado, respondeu, um tanto contrariado:

— Não estou nada bem. Meus planos falharam e agora não sei o que fazer de minha vida.

— Recomeçar seria uma boa opção, não acha?

— De que jeito? Só fiz maldades até agora. Desejei tanto o mal de outra pessoa que esqueci de mim.

— Mas agora está aqui e pode retomar a sua caminhada.

— Era tudo o que eu gostaria. Ainda se tivesse Robério do meu lado, teria mais força, mas sozinho...

— Você se importaria em me acompanhar até uma sala? – perguntou o benfeitor.

— Vamos lá – respondeu a criatura, um tanto indiferente.

Ambos caminharam por alguns segundos e Paulo parou em frente a uma sala cheia de crianças frequentadoras da evangelização.

Sem saber o que estaria fazendo ali, o obsessor fez menção de sair, mas foi amavelmente contido por Paulo, que iniciou a doutrinação esclarecedora:

— Flávio, dentre essas crianças que aqui se encontram, uma delas é de sua estima.

Curioso, a entidade questionou:

— Desculpe, mas não tenho amigos infantis, ainda mais encarnados.

Paulo apontou para Pedro, que estava sozinho, pensativo.

O obsessor quebrou o silêncio:

— Esse menino que me mostra é o filho de Estela? O que tem a ver comigo?

Paulo não titubeou:

— Trata-se de Robério, agora reencarnado. Seu amigo retornou à matéria, com o objetivo de reequilibrar a relação doente que manteve com Estela no passado.

O algoz não conteve a surpresa e concluiu:

— Então foi por isso que ele desapareceu de repente!

Num rompante de indignação, o obsessor protestou:

— Mas ele me traiu, então! Decidiu voltar e nem ao menos se despediu! Me deixou sozinho, quando tínhamos um trato!

— Não – esclareceu Paulo – ele não quis voltar. Por misericórdia divina e merecimento de quem gostava dele, a sua reencarnação foi compulsória, atendendo a inúmeros pedidos de sua mãezinha. Veja que, diante de tal oportunidade, não lhe cabia perder mais tempo na inércia da estagnação, se agora tinha a chance de evoluir com a bênção do retorno à vida corpórea.

Flávio desabou em lágrimas.

Contemplava o amigo, agora criança, em outra vestimenta material, recomeçando a vida e ele sem nenhuma perspectiva de nada.

Paulo, que se compadeceu ao ver a entidade tão desolada, lhe sugeriu, amorosamente:

— Você quer mesmo uma oportunidade de recomeço?

— Sim, é o que mais desejo.

— Então terá que fazer algo para merecer, tudo bem?

— Qualquer coisa.

— Vá até Sílvia e diga que a deixa em paz. Liberte-a de sua influência, mas antes, sugira que se entregue às autoridades policiais para que possa encontrar o tratamento médico do qual necessita e atenue um pouco suas dívidas. Se quiser, lhe acompanho.

— Você está certo. Vamos agora?

— Sim.

Paulo e Flávio saíram do centro e foram em busca de Sílvia, que há muito se encontrava desequilibrada e adoentada.

O obsessor não encontrou dificuldades em sintonizar de novo com a mente da infeliz, pois viveram em simbiose por um longo tempo.

Com o consentimento de Paulo, Flávio inciou a influência, agora direcionada ao bem:

— Sílvia, quero que saiba que estou indo embora. Me perdoe por tantos erros e por usar a sua mente para prejudicar Estela. Vou seguir o meu caminho e a liberto para que siga o seu. Vá até às autoridades policiais e confesse o crime. Será melhor para você e poderá finalmente se tratar. Adeus...

A moça não sentia a presença do espírito mas registrava as suas palavras de modo muito rápido.

Em segundos, pensou:

— Preciso confessar o que fiz... estou muito doente...

Paulo, aproveitando a oportunidade de auxílio, mais uma vez sugeriu que Sílvia procurasse Estela no Cantinho da Caridade e que dissesse a ela toda a verdade.

Decifrando estrelas

De forma automática, Sílvia logo se lembrou de que tempos atrás havia ido ao centro de Estela e sentiu que precisava retornar ao local para dizer tudo o que realmente havia acontecido.

Era o único modo de encontrar a sua tão desejada paz.

Flávio, após concluir a tarefa designada pelo benfeitor, questionou:

— E agora, o que tenho que fazer?

— Vou providenciar para que seja recolhido a uma colônia espiritual com o propósito de que possa pensar em todos os seus atos e, quem sabe, trabalhar em prol da humanidade para obter méritos que lhe proporcionem a dádiva de uma nova existência na Terra.

Flávio, pela primeira vez, sentiu um pouco de alívio.

Esperaria pelo auxílio e estava disposto a colaborar a fim de retornar logo ao orbe, tão logo pudesse, para, enfim, esquecer todo o sofrimento que ainda lhe encarcerava a alma.

A reencarnação é uma bênção que proporciona ao espírito o transitório esquecimento de seu passado sombrio, convidando-o à alvorada de um novo dia de luz.

Sílvia seguia em direção ao Cantinho da Caridade e estava disposta a contar tudo para a ex-amiga.

Com muita dificuldade chegou ao local e logo foi recebida por Carol, que já estava arrumando as coisas para fechar o recinto.

A trabalhadora, diante da figura apática e vestes desgastadas da moça, achou que fosse uma pedinte.

237

Assim, tratou de providenciar comida e cobertores, mas foi subitamente interrompida por uma súplica:

— Por favor, preciso muito falar com Estela. É uma questão de vida ou morte.

Carol ficou assustada. O que aquela moça tão sofrida queria com a sua irmã?

Estela, que também estava prestes a sair, passou rapidamente pelas duas, quando ouviu um grito assustador:

— Estela, fale comigo! Sou eu, Sílvia!

A jovem parou de caminhar e volveu os olhos para a dona daquela voz.

Em meio a trapos e feridas, reconheceu o olhar da ex-amiga, que agora lhe suplicava atenção.

Um pouco apreensiva, Estela olhou para Carol, que entendeu que entre as duas havia algo muito sério a ser dito.

Com muita discrição, ela deixou a sala e disse a irmã que estaria com Pedro, até que as duas terminassem a conversa.

Sílvia, sem perder tempo, iniciou o diálogo libertador:

— Estela, preciso te contar a verdade sobre Heitor.

— Sílvia, já se passaram tantos anos, não precisa se desgastar com esse assunto.

— Não me interrompa – advertiu –, você não sabe de nada.

— Então fale logo, porque preciso cuidar de outras coisas ainda hoje.

— Fui eu quem matou o Heitor!

Estela empalideceu.

Não podia acreditar no que ouvia.

Sem as duas perceberem, o próprio Heitor, Paulo e Daniel também acompanhavam a conversa, que seria definitiva para aquelas duas almas.

— Como assim, Sílvia? O que você está me dizendo?

— Que não foi acidente. Os peritos estavam certos. Eu mesma cortei os cabos de freio do carro dele. Não queria que fossem felizes. Você roubou o meu lugar e não merecia essa felicidade.

— Sílvia, você está completamente desequilibrada. Como pôde sujar as suas mãos desse jeito? Matou um inocente!

— Por isso estou aqui. Preciso de sua ajuda.

— Ajuda? Você confessa que matou o meu grande amor e ainda quer ajuda?

— Preciso que ligue para a polícia e me arrume um advogado. É só o que peço. Não aguento mais carregar esse fardo em minha consciência.

Estela estava estupefata.

Depois de tantos anos, descobriu que o seu noivo foi friamente assassinado pela sua melhor amiga.

Seu coração estava em pedaços.

Reviveu novamente toda aquela cena e sentiu de novo a dor da morte de seu amor dilacerar-lhe a alma.

Heitor, percebendo a reação negativa da amada diante da situação, dela se aproximou e aconselhou:

— Querida, não se entregue aos sentimentos danosos do ódio e do desespero. Não julgue esta mulher, que já está sofrendo pelo mal que cometeu. Você está prestes a realizar um grande trabalho, não macule a sua aura com a falta de perdão. Testemunhe o amor, a fé e a esperança que Cristo tanto nos ensinou. Atenda-lhe o pedido e encontrará a paz.

Estela se acalmou com as sugestões de Heitor.

Pensou por alguns instantes e se lembrou que um dos alunos frequentadores do curso ministrado pelo centro era advogado.

Retomou a conversa:

— Sílvia, não vou julgar o que fez, porque isso caberá às autoridades.

Ligarei para a polícia sim, mas antes para um colega advogado que, a meu pedido, não negará te acompanhar até o distrito policial para que faça a confissão.

— Não sabe o quanto me alivia! – respondeu.

Estela ligou para o colega advogado e realmente ele não negou prestar-lhe o auxílio necessário.

Em seguida, contatou as autoridades policiais, que chegaram ao centro em poucos minutos.

Sílvia foi retirada do local e levada à delegacia para prestar depoimento.

Estela, triste mas aliviada, sabia que tinha feito a coisa certa.

CAPÍTULO XXI
Recado do além

O DIA seria agitado, mas Estela estava muito contente, afinal, chegou o grande momento da inauguração da ONG "Um amor especial".

Carol já havia ido para o Cantinho da Caridade, pois além das festividades do evento, haveria a sessão mensal de psicografia.

Após arrumar Pedro e se aprontar, Estela, juntamente com Laura, Antonio e Lúcio, seguiram em direção ao centro.

Dr. Silas ficou de encontrá-los após encerrar as suas consultas.

O coração de Estela estava acelerado, sentia uma espécie de alegria diferente, uma vontade de compartilhar com todos essa felicidade.

Heitor, acompanhado dos mentores do astral, estava ao seu lado o tempo todo.

Ele também estava feliz e emocionado. Escreveria a sua tão esperada carta e não via a hora da sessão de psicografia começar.

Paulo, que notou a ansiedade do amigo, advertiu amoroso:

— Heitor, sei que sua euforia é maior do que tudo, mas não é bom ficar assim, tão ansioso. Guarde as suas emoções para o momento a fim de não desperdiçar fluidos desnecessariamente. Escrever por intermédio de medianeiros não é tarefa fácil, você sabe. Tanto o espírito comunicante quanto o encarnado precisam estar energeticamente bem para que a comunicação saia perfeita e fiel.

— Sim, Paulo, tem razão — admitiu.

Daniel, que estava alegre por saber que o seu tutelado seria de novo o seu companheiro de trabalho no astral a partir daquele dia, também comentou:

— Estarei vibrando em seu benefício, meu amigo. Tenho certeza de que Carol, com a mediunidade que tem e a conduta reta, vai conseguir traduzir com fidelidade tudo o que deseja escrever para a sua amada.

Os minutos se passaram céleres e as pessoas que buscavam uma carta espiritual do ente querido já estavam reunidas no local.

Carol, agora totalmente em transe mediúnico, sentiu a aproximação do espírito amigo, que era Heitor.

Emocionado, o comunicante sabia que precisava se controlar para que não houvesse falhas e perdesse a grande oportunidade que lhe foi concedida.

Decifrando estrelas

No grande salão de palestras, Estela e Silas corta-vam simbolicamente a faixa azul da ONG "Um amor especial", em sinal de abertura formal do empreendimento.

Pedro estava alegre com as festividades da casa e corria de um lado para o outro, demonstrando o seu contentamento.

Estela não se cabia de emoção, quando sentiu uma sensação estranha invadir-lhe o peito, como se alguém a chamasse.

Deixou que Silas conduzisse as comemorações e apresentações dos trabalhos da ONG e, sem saber direito o porquê, foi à sala de psicografia.

Parou por alguns instantes em frente à mesa dos médiuns e pensou:

"Ora, o que faço aqui? Não sei por que eu teimo em achar que Heitor me escreverá".

Quando Estela ia sair do local, Carol, que era a primeira das médiuns a ler a carta psicografada, iniciou a leitura:

"Meu amor, minha luz, minha Estela.
Sou eu, Heitor.
Acredite, esperei tanto por este momento quanto você.
Diferente do que pensamos, a morte não é o fim.
Somos arrebatados do corpo, mas a nossa alma vive.
Quando fitei o seu rosto naquele dia fatídico, algo me disse que não seria um adeus, mas sim um até logo.
Depois que retornei à Pátria Espiritual, fui agraciado com a bênção de poder acompanhar-lhe os passos, até que pudesse se reerguer das grandes quedas que a vida lhe proporcionou.

243

Quedas essas que se traduzem em oportunidades, pois o sofrimento é o nosso maior instrumento de evolução.

Estava presente, ainda que não fisicamente, no dia em que Pedro nasceu.

Poder dividir com você um momento tão importante como esse, não tem preço.

Deste lado, também temos deveres a cumprir e traballhamos com amor.

Mas em troca de nosso esforço, obtemos méritos que nos enternecem a alma.

Fui agraciado com a autorização para te escrever estas breves palavras e não tem ideia de como estou feliz sabendo que lerá a minha carta.

Não acredite que os nossos sonhos de ventura terminaram.

Pense que estamos construindo uma estrada de esperança, para juntos, um dia, percorrermos esse caminho sem nenhuma interrupção.

O amor verdadeiro liberta e aguarda.

Não temas pelo nosso anjo.

Você saberá conduzi-lo à trajetória da evolução, do amor e da verdade.

Nunca estará sozinha, assim como nunca esteve.

Estarei sempre ao seu lado, nos seus pensamentos e no seu coração.

Saiba que estou muito feliz pela sua escolha de vida.

Não teve a carreira profissional que tanto queria, mas, em troca, ganhou valores e experiências que tesouro material nenhum pode comprar.

A vida é assim mesmo, cheia de desafios e de surpresas.

A única certeza que temos, é que não temos certeza.

Tudo muda em fração de segundos.

Mas toda mudança é sinal de melhora, seja como for.

No final, acabamos entendendo os meios que justificam certos acontecimentos.

Saiba que te amo, por ontem, hoje e pela eternidade.

Guarde a convicção de que no dia em que cerrar os seus olhos físicos, serei eu quem te receberá, deste outro lado, para te abraçar pelos méritos que conquistará por ter completado, com louvor, a difícil missão que lhe foi confiada.

Não perca tempo com preconceitos, chacotas e ironias.

Siga adiante, ajudando e amparando aos que te procurem o concurso consolador e terá como resposta a dádiva da consciência tranquila.

Não sinto os minutos passarem enquanto escrevo esta singela carta.

Mas além de mim, outros necessitam escrever aos seus e devo respeitar o tempo que me foi confiado.

Vou terminando as linhas, mas continuarei contigo.

Saiba que o amparo nunca faltará a ti e ao nosso Pedrinho.

Sabe por que ele gosta das estrelas?

Porque elas brilham, mesmo na solidão do espaço.

Foi ele próprio quem me contou, certa feita.

Agora preciso mesmo terminar, meu amor.

Você é a minha grande luz!

Fique com Deus e Jesus sempre.

Até breve.

Com carinho,

Heitor".

A comoção tomou conta de todos os frequentadores do centro, principalmente de Estela, que ainda não conseguia acreditar que finalmente havia sido agraciada com uma carta de seu maior amor.

Em vão, tentava conter a emoção, mas as lágrimas vertiam, incontrolavelmente.

"Como Deus é bom!", pensava.

Mas a sua emoção não pararia por aí.

Pedro, que a tudo assistiu, pediu para falar ao microfone e Silas, muito feliz com o inusitado do pedido, consentiu.

O menino, muito envergonhado pela exposição em público, superou a sua timidez e se declarou para sua mãe:

— Mamãe, quero dizer que amo você. Sei tudo o que fez para cuidar de mim. Aos poucos, estou conseguindo melhorar. Saiba que de todas as estrelas, você é a mais brilhante!

Não havia mais nada a ser dito.

Silas, comovido com as palavras da criança, agradeceu ao Alto, em forma de prece:

"Deus, obrigado por tantas dádivas em nossas vidas.

Sabemos que não somos mercedores de muitas das bênçãos que nos são dadas, mas queremos, Senhor, melhorar a cada dia.

Como peregrinos, atravessamos caminhos tortuosos, mas devido à Sua extrema bondade, encontramos nas estradas da vida alguns oásis de paz e reconforto para as nossas almas cansadas.

Que Jesus seja sempre o nosso maior exemplo de amor, fé e sabedoria.

Abençoe, Divino amigo, as nossas humildes tarefas no bem.

Que assim seja.

Graças a Deus."

> Um lindo romance do espírito Angeluz
> Psicografia de Roberta Teixeira da Silva

NUNCA É TARDE PARA RECOMEÇAR

No início do século XX, Joana e Heber vivem um lindo romance. Ainda jovens, planejam uma trajetória de amor e paz. Mas Joana desencarna vítima da gripe espanhola e Heber sofre um duro golpe em sua vida. Tempos mais tarde, ele, já um humilde ferroviário, casa-se com Clarice, uma dedicada dona-de-casa. Vida simples e sofrida, eles têm filhos e a família vive em harmonia até o desencarne de Clarice. Abalado pela perda da esposa e sozinho novamente, Heber passa a beber a ponto de morrer. Aí começa o drama de Heber.